Las 10 mejores decisiones que un matrimonio puede tomar

Bill & Pam Farrel

EDITORIAL PATMOS

Las 10 mejores decisiones que un matrimonio puede tomar

Publicado por Editorial Patmos
Miami, FL 33169

Publicado originalmente en inglés por Harvest House Publishers, Eugene, Oregon 97402, con el título *The 10 Best Decisions a Couple Can Make.*

Traducido por Belmonte Traductores
Diseño interior y portada por Adrián Romano

ISBN 13: 978-1-58-802735-1

Categoría: Matrimonio

Impreso en Brasil | *Printed in Brazil*

Para nuestra primera nieta,

Que tus sabias decisiones hagan a tus padres
estar tan orgullosos de ti como nosotros
lo estamos de nuestros hijos.

Amor y oraciones,

Papa So-Cal y *Nana Go-Go*

Contenido

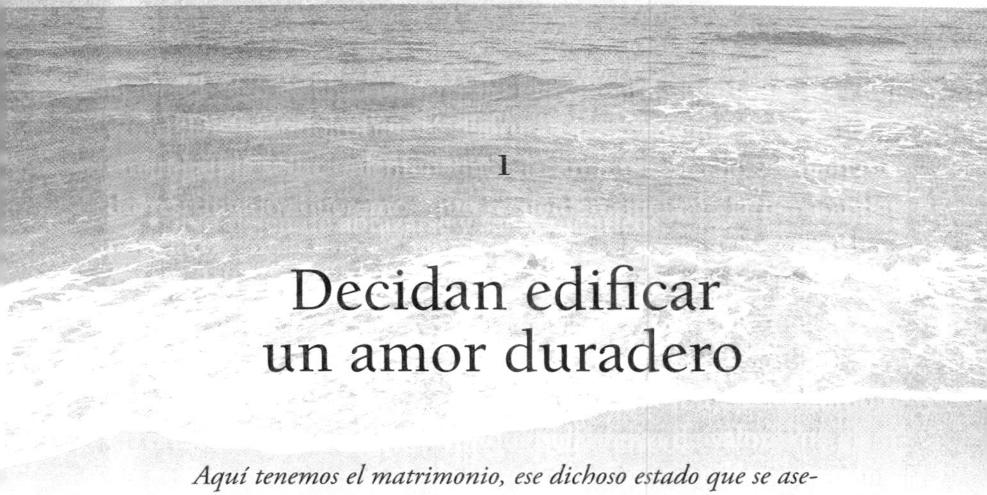

1

Decidan edificar un amor duradero

Aquí tenemos el matrimonio, ese dichoso estado que se asemeja a unas tijeras: Tan unidos que no se pueden separar, a menudo moviéndose en direcciones opuestas, y a la vez castigando a todo aquel que se interpone entre ellos.

—Sydney Smith

Cómo describiría un agente inmobiliario su matrimonio? ¡Difícil de encontrar! ¡Ideal! ¡Sobresaliente y elegante! ¡Bonito y elegante! ¡En perfectas condiciones! ¡Fabuloso! La mayoría de los matrimonios recibirían una descripción más realista: *Encantadora remodelación. Buenos cimientos pero necesita algo de cuidado. Una gran impresión desde la fachada pero el interior necesita una importante remodelación. Un buen vecindario; ¡se puede reparar!*

Las parrillas de televisión estás llenas de programas de mejoras de casas, entre los que se incluyen *Trading Spaces*, *Extreme Makeover: Home Edition, Merge* y *While You Were Out*, solo por nombrar algunos. La larga lista de programas de arreglos incluye *This Old House, Bob Vila's Home Again,* y *Designing for the Sexes.* Estos programas demuestran técnicas y estrategias eficaces para hacer de cualquier lugar un lugar mejor al que llamar hogar. Del mismo modo, su matrimonio necesita una estrategia para mantenerse en buenas condiciones.

Así como las paredes no se pintan solas, el césped no se corta solo, y los platos no se lavan solos, un matrimonio no se vuelve fuerte y bonito mágicamente por sí solo. Crear un hogar bonito requiere unos buenos planes, un contratista competente, obreros experimentados y decoradores con gusto. Todo lo que vale la pena es algo en lo que se debe invertir. Los hogares que reciben un buen cuidado constante se valoran más. Del mismo modo, cada matrimonio que recibe amor y atención constante se convertirá en una obra de arte, un santuario de amor y un refugio de esperanza.

Vean este libro como un conjunto de planos para edificar un amor duradero. Su primer paso es decidir edificar un amor duradero. Decidan que quieren descubrir lo que hace que el amor dure para toda la vida. Decidan buscar unos buenos planos para edificar un amor y una vida. Queremos adoptar una mirada divertida y práctica del matrimonio y aportar herramientas diarias para la pareja que quiere hacer una pequeña obra en la casa y crear un hogar al que ambos quieran regresar: un hogar construido con amor.

Lecciones del contratista

Hasta la escritura de este libro, hemos sido los orgullosos propietarios de tres casas. Todas han sido proyectos, y nos han ayudado a aprender algunas de las lecciones más importantes en nuestra relación.

Pensábamos que nuestro primer hogar era lo más increíble que habíamos visto jamás. Se construyó en la década de 1950, pero nos parecía un diamante resplandeciente. El papel pintado amarillo brillante y naranja de la cocina se veía horrible, pero pensamos: *No es un gran problema. Pondremos un papel nuevo.* La afelpada moqueta verde por toda la casa era nauseabunda, pero pensamos: *No es un gran problema. La quitaremos y pondremos pisos de madera.* Habíamos oído que la casa tenía termitas, pero pensamos: *No es un gran problema. La casa acaba de ser fumigada, así que todas las termitas estarán muertas.*

Mirando atrás, nos damos cuenta de que esa fue la lección de relación número uno. Todos entramos en el matrimonio pensando: *Esto no es un gran problema. Lo solucionaremos todo porque estamos enamorados.* Este idealismo es probablemente necesario porque si supiésemos todo lo que se necesita para la construcción de una relación íntima, llegaríamos a la conclusión de que es imposible, y correríamos en dirección opuesta. Pero parece que tenemos un imán maravilloso en nuestro corazón que nos convence de que nos necesitamos el uno al otro desesperadamente.

De hecho, cada matrimonio tiene bichos, virus, retos, incoherencias y atajos. Como dijo el famoso Dr. Henry Ironside: "Donde hay luz, hay bichos." Las parejas casadas de éxito aprenden a vivir con los ojos bien abiertos a los desafíos y asumen que tendrán que remodelar su relación de manera regular para contrarrestar el proceso natural de decadencia.

¿Qué es esto?

Así que con un joven entusiasmo comenzamos nuestra aventura. Con los ojos abiertos como platos y corazones expectantes nos lanzamos a arreglar nuestro "nuevo" hogar. Comenzamos quitando el horrible papel de la cocina. Adosada a la cocina había una barra de desayuno con una ventana en voladizo con marcos de madera, y la barra estaba acentuada con un revestimiento de madera. El revestimiento no era original, así que decidimos quitarlo al remodelar la cocina.

Cuando yo (Bill) estaba quitando con entusiasmo el panel de madera de la pared, ¡una de las repisas de la ventana se despegó con él! El trozo de madera podrido se cayó al piso. Era obvio que había sido el hogar de las termitas durante mucho tiempo. Una red cavernosa de túneles recorría toda la madera. Partes de la repisa eran solo una fachada fina como el papel. No estoy seguro, pero creo que oí a la casa reírse de mí. Con la repisa en el piso, pude ver claramente la parte inferior del marco de la ventana. Lo que vi era asombroso. Había termitas muertas apiladas unas encima de otras. La mitad inferior del marco estaba casi comida por completo. ¡Algunas termitas gordas debieron de haber estado corriendo por todo el vecindario! Recuerdo pensar: ¿Qué he hecho? Sabíamos que había termitas ¡pero nadie nos dijo que estábamos comprando la ciudad natal de estos bichos!

Lección número dos: Cada pareja pasa por un periodo en el que se preguntan: ¿Dónde nos hemos metido? Nadie podría de modo alguno anticipar todo lo que conlleva una relación íntima, así que las sorpresas son inevitables. Recuerdo mi primera gran sorpresa. Pam y yo estábamos tranquilamente sentados en nuestro salón durante nuestro primer año de matrimonio. Yo pensaba: *Esto es increíble. Ella es guapa, el sexo es maravilloso y somos jóvenes y nos divertimos mucho juntos.* Entonces sucedió. Dije algo que tocó alguna fibra sensible de Pam.

Ella se levantó de manera abrupta y exclamó: «¡Tú ya no me amas!» Después se fue corriendo a nuestro dormitorio, cerró de un portazo y se tumbó en la cama. Cuando entré, estaba sollozando desconsoladamente. Sabía que nuestro matrimonio tendría algunos desafíos, ¡pero nadie me habló jamás de esto!

Desde entonces aprendí que una de las mejores cosas que puedo hacer por Pam es ayudarle a sentirse segura. Ella necesita saber que es importante y valiosa. Ahora lo sé, pero no lo sabía entonces. Ese día que ella se fue corriendo a nuestro cuarto, yo me preguntaba quién era esa persona y dónde se había llevado a mi esposa.

¡Tengo un sueño!

Volvamos a la casa. Tuve que buscar a un contratista para rehacer el marco de la ventana porque ya no había disponibles ventanas iguales. Con su experta ayuda, reparamos la ventana y seguimos con la cocina.

El viejo papel pintado teníamos que quitarlo porque decidimos pintar. Por alguna razón, pensábamos que la pintura le daría un mejor aspecto y sería más fácil de limpiar. Cubrir la pared con papel nuevo hubiera sido más fácil, pero *teníamos un sueño.*

El papel pintado era terco, así que tuvimos que rentar un vaporizador. Nadie me dijo que un vaporizador es como una serpiente hirviente buscando alguien a quien atacar. Escupía. Se trababa. No quería funcionar. Era un aparato terco. Yo podría haberme detenido al principio y poner papel pintado, pero *teníamos un sueño.* Así que me comprometí a "arreglar" el vaporizador. En el proceso, me rocié la cara con vapor. Eso me asustó y me hizo ser más decidido al mismo tiempo. Por fortuna, ¡lo único que recibí fue una quemadura de cara no deseada por mis esfuerzos! A esas alturas, probablemente debería haberle dicho a Pam: "Tenemos que olvidarnos de este plan y empapelar la cocina." Pero ¡teníamos un sueño! Estoy orgulloso de decir que, después de mucho trabajo, la cocina quedó muy bonita pintada con un recorte de contraste en las ventanas de madera.

Lección número tres: A veces lo único que mantiene a un matrimonio junta es *el sueño*. Las relaciones íntimas son muy influyentes en nuestros corazones. Están llenas de esperanzas, y sueños, y decepciones. La relación comienza con el sentimiento de que será algo mágico y gratificante. El sueño se interrumpe por las necesidades reales de los individuos implicados. Un matrimonio para toda la vida está lleno de decepciones, reveses, malentendidos, momentos de gran responsabilidad, decisiones económicas y muchos otros desafíos. Ningún hombre le dijo jamás a una jovencita: "¿Te quieres casar conmigo para amontonar facturas y trabajar mucho el resto de nuestra vida para pagarlas?" Pero cuando llega la realidad, un matrimonio puede sufrir algunos tiempos de aburrimiento, estrés y dolor, por causa del sueño: Podemos redescubrir nuestro amor una y otra vez. Un matrimonio con este sueño trabajará unido para edificar un lugar donde su relación funcione. El sueño les hace superar lo inesperado.

Tras terminar de remodelar la cocina, el sueño creció. A medida que nos acostumbrábamos a nuestro nuevo hogar, entretuvimos un necio pensamiento: *Esto no es suficiente*. Lección número cuatro: Algo en los corazones de los hombres y las mujeres se descontenta fácilmente. Tenemos automóviles, pero ya no son suficientemente bonitos. Tenemos computadoras, pero ya no son suficientemente rápidas. Tenemos casas, pero ya no son suficientemente grandes. Tenemos relaciones, pero ya no son suficientemente buenas.

Nos casamos con la persona de nuestros sueños, pero llegamos al descontento porque nos olvidamos del sueño a la luz de la realidad. Lo que era bonito por la noche se desvanece con la luz del día. Un chiste que leímos lo expresa de esta forma: "¿Alguna vez notaste que cuando te enamoras, te desplomas en sus brazos, pero después de la boda tus brazos se desploman?" En cada relación, el sueño deber resistir la realidad de la vida cotidiana. El bicho del "no suficientemente bueno" nos picó, y decidimos que teníamos que añadir un cuarto de baño a nuestra casa. El proyecto parecía simple al hablar de ello. Tan sólo moveríamos la puerta de entrada y luego simplemente convertiríamos el pasillo en un baño. Lo que pensábamos que tardaríamos un mes en terminar resultó tardar cinco veces más de lo previsto.

Me encantaría decir que Pam estaba muy orgullosa de mí y que dijo: «Vaya, cariño, aprecio tu perseverancia. Aunque esto está tardando más de lo que pensabas, estoy sorprendida de la forma en que perseveras en ello. Por cierto, ¡estás muy atractivo con la ropa sucia de albañil!»

En cambio, los comentarios bajaron de "¡Estoy emocionada!" a "¿Cuánto dijiste que iba a durar esto? ¿No crees que deberías llamar a alguien para que lo termine? Estoy empezando a pensar que te gusta más trabajar en la casa que pasar tiempo conmigo."

Aunque llamar a un contratista probablemente hubiera sido una buena idea, mi ego hizo una muesca de dolor. Mis pensamientos originalmente habían sido nobles: *Voy a hacer esto para mi esposa.* Pero a medida que pasaba el tiempo, mis pensamientos se volvieron amargos. *Se va a enterar. ¡No me puedo creer que piense que no soy capaz de hacer esto! ¿De qué se queja? ¡Esto fue idea suya!* Había perdido de vista el sueño.

Sobreviví una vez, ¡lo volveré a conseguir!

Nuestra segunda casa es una historia muy distinta. Con gran expectación y entusiasmo nos mudamos al condado de San Diego para pastorear una iglesia. Supusimos que podríamos vender el hogar que remodelamos y comprar una casa en el sur de California. Durante los tres primeros meses que estuvimos en San Diego, sin embargo, la casa promedio aumentó de valor unos 40.000 dólares, y nos quedamos fuera del precio de mercado.

Yo no quería edificar una casa. Había trabajado como aparejador durante años antes de ser pastor. Ayudé a muchas personas a diseñar casas a la medida para sus familias, y al ver a esas familias vivir el proceso de edificar sus hogares, llegué a la conclusión: *¡Yo nunca haré esto!* De algún modo, Dios no debió de escucharme correctamente.

Las personas de la iglesia fueron increíblemente compasivas. Un fontanero me dijo: «Si quiere edificar una casa, yo quiero donar mi tiempo para instalar la fontanería.» Yo respondí: «Gracias por el ofrecimiento, pero no vamos a edificar una casa.»

Un electricista me dijo: «Si quiere edificar una casa, yo donaré mi tiempo para hacer la instalación eléctrica.» De nuevo dije: «Gracias por el ofrecimiento, pero no vamos a construir una casa.»

Un contratista de aire acondicionado y calefacción me dijo: «Si quiere edificar una casa, yo donaré mi tiempo para instalar el sistema de calefacción.» Yo repetí: «Gracias por el ofrecimiento, pero no vamos a edificar una casa.»

Un techador me dijo: «Si quiere edificar una casa, yo donaré mi tiempo para instalar el tejado.» Aun así dije: «Gracias por el ofrecimiento, pero no vamos a edificar una casa.»

Comencé a pensar que se estaba desarrollando alguna conspiración. No quería hacerlo, pero Dios estaba inspirando a personas a ser increíblemente generosas. La generosidad es un rasgo estupendo, ¡pero puede ser molesto cuando se tiene una mala actitud! Con la esperanza de que Él no interviniera, hice un trato con Dios. Le dije: *Conozco a un hombre que es supervisor de obra. Solamente trabaja cuatro días por semana ahora. Si se acerca a mí y me dice que debería construir, y se ofrece para ayudarme en todo el proceso, construiré. ¡Pero es él quien tiene que acercarse a mí!*

Probablemente ya se imagina lo que ocurrió después. Este amigo se acercó y me dijo: «Oye, Bill, creo que deberías edificarte una casa. Trabajo solamente cuatro días por semana en estos momentos, y estoy dispuesto a ayudarte en todo el proceso.»

Mi boca se abrió tan rápidamente, que creo que mi barbilla se estrelló contra el piso. Quería decir: "Gracias por el ofrecimiento, pero no vamos a edificar una casa." Lo que dije en su lugar fue… nada. Estaba tan boquiabierto que no pude decir nada. Finalmente atiné a decir: «Ya te diré algo.»

Basado en esta interacción, encontré una propiedad, diseñé los planos para nuestro hogar, y conseguí el permiso. La semana que recibí el permiso, mi amigo consiguió el trabajo de sus sueños. Podría poner en práctica todos sus dones y a la vez tenía la bendición de un gran aumento de sueldo. También tenía que trabajar seis días por semana y muchas horas. Como resultado, no pudo ayudarnos en el proceso de construcción de nuestro hogar. ¡Necesitaba un milagro!

Lección número cinco: Todas las grandes relaciones comienzan cuando las personas deciden confiar en Dios. Todos somos personas imperfectas intentando amar a otras personas imperfectas en un mundo imperfecto. Por lo tanto, todos tenemos matrimonios perfectamente imperfectos. El mejor momento de su matrimonio es cuando entiende que no tiene todas las respuestas, cuando en un temerario abandono arroja sus manos al aire y le dice a Dios: *Está bien, ¡lo haremos a tu manera! Dirige* tú.

Eso es exactamente lo que ocurrió con la casa. Nunca olvidaré la mañana del viernes cuando yo estaba en el cimiento recién construido. El personal de estructura tenía que llegar al día siguiente, y mi trabajo era tenerlo todo preparado para su llegada. Yo nunca antes había hecho eso. Me había comprometido a hacerlo porque alguien con experiencia estaba dispuesto a ayudarme. Ahora que ese hombre no estaba disponible, yo me encontraba de pie sobre mi cemento, pidiéndole a Dios sabiduría y cualquier ayuda que pudiera enviarme.

Resulta que mi nuevo vecino no tenía que trabajar ese día. Curiosamente, también tenía experiencia preparando lugares de trabajo para una empresa de estructuras. Se ofreció voluntariamente durante cuatro horas a enseñarme cómo marcar los tachones para que los trabajadores pudieran estar ocupados. Esta fue solo una de muchas historias.

Un día, estaba poniendo bases para los patios delantero y trasero. Cuando comencé a cavar, le dije a Dios: *No me vendría nada mal un pequeño martillo neumático.* En cuestión de una hora, un fontanero amigo mío pasó por allí y me dijo: "Al salir esta mañana, tuve este sentir del Señor de que quizá necesitabas un martillo neumático, así que lo puse en mi camioneta. ¿Lo necesitas hoy?"

Otro día, conocí a un joven que se acababa de licenciar de los Marines. Quería quedarse en San Marcos y ser parte de nuestra iglesia porque había aceptado a Cristo hacía poco. Teníamos una caravana en nuestra propiedad, así que le dejé vivir en ella a cambio de trabajo.

No solo demostró ser una gran ayuda trabajando, sino que también pude darle formación en las bases del cristianismo mientras trabajábamos. No teníamos tiempo de parar y hacer ninguna lección, así que las hacíamos mientras trabajábamos. Algunos de mis mejores recuerdos de la construcción de la casa incluyen escribir esas lecciones de discipulado en la madera debajo de la moqueta y la pintura. Nadie las verá jamás, pero ayudaron a cambiar la vida de un joven. Al criar a nuestros hijos en la misma casa, me acuerdo de que la gente nunca verá las lecciones escritas en los corazones de nuestros hijos, pero los resultados serán para toda la vida.

Para hacer las cosas aún más interesantes, yo (Pam) estaba embarazada, y estábamos acelerando a la cigüeña para conseguir que la casa estuviera terminada antes de la llegada del bebé. Todo el evento se convirtió en un espectáculo de la ciudad, y un periódico local incluso nos incluyó en un artículo. La gente apostaba si estaríamos viviendo allí antes de que llegara el bebé. Incluso nuestros dos hijos mayores, Brock, entonces de seis años, y Zach, entonces de cuatro, eran parte de la plantilla de trabajo. Zach era uno de los mejores colaboradores de Bill, y juntos revistieron la mitad de la casa en un día. (De hecho, solo revistieron la parte de abajo ¡para que Zach pudiera alcanzar a clavar los tableros!)

Soportamos un extenuante proceso de dieciocho meses desde la concepción (de la casa, ¡no del bebé!) hasta el día que nos mudamos; dos semanas después nació Caleb. El tiempo concreto de construcción fue casi el mismo que el del embarazo. Durante esos nueve meses, Bill estaba pastoreando a tiempo completo y edificando a tiempo completo, así que dormía muy poco. Mi trabajo era correr por la ciudad, cuidar de los niños y llevar las comidas a la obra. Dirigí las líneas telefónicas, até barras de acero para los cimientos, uní tableros para las paredes y ayudé a aislar, terminé algunas paredes y limpié cada día. ¡Tengo un renovado aprecio por lo que soportaron las mujeres con haciendas en su travesía por el oeste!

Los dos días antes de que naciera Caleb, Bill estuvo de pie cuarenta y ocho horas mientras hacían la entrada de los automóviles y echaban el cemento. Pensamos que teníamos oportunidad de llevar al bebé a nuestra nueva casa, así que nos apresuramos al máximo. Fui al hospital para una cesárea programada el 3 de agosto a las seis de la mañana, y Bill, el asombroso esposo responsable, estuvo a mi lado todo el tiempo. Sin embargo, cuando salí de la recuperación, ¡yo tenía mejor aspecto que Bill!

El primer día después de la cesárea, mamá debía de estar tumbada en la cama; pero a mitad de la noche después de alimentar a Caleb, intenté despertar a Bill, que se había quedado dormido en una silla muy incómoda. Cuando no pude despertarle, intenté incorporarme lo suficiente para poner a Caleb en su cunita.

Lograrlo no fue tarea fácil, pero con oración, determinación e instintos maternales, puse a Caleb a salvo en su cunita. En el proceso, la vía que llevaba puesta se enredó y se salió de mi mano. Comenzó a salpicar sangre por todas partes. Pulsé el botón de la enfermera y le grité a Bill. Bill estaba tan cansado que no pude despertarle. Yo estaba de pie y había caminado un poco hacia el puesto de enfermería cuando una enfermera llegó para ayudarme. Bill nunca movió un dedo, ¡profundamente dormido en fase de sueño REM! Incluso la enfermera se dio cuenta y dijo: "Profundamente dormido, ¿eh?"

Le expliqué todo lo que Bill había hecho por nuestra familia y por mí los meses recientes, y ella sonrió de aprobación. Eché una mirada a mi encantador príncipe durmiente, y una oleada de amor me inundó. Sabía que al margen de lo que nos deparase la vida, encontraríamos la forma de seguir enamorados durante toda la vida. ¡Me había casado con un verdadero cuidador!

Cuidado para el cuidador

Cuando finalmente nuestra casa estuvo terminada, yo (Bill) estaba agotado. Lo único que quería era ir a trabajar, regresar a casa, comer y dormir.

Supuse que me había ganado el derecho a vivir a un ritmo tranquilo durante al menos un año. Pero ¡tengo una familia! Nuestros tres niños son precisamente eso, niños, y eso significa que las cosas en nuestro hogar, a menudo, se rompen.

Para obtener el permiso final para mudarnos a nuestra casa, tuve que instalar un sistema de riego y cubierta en la pradera de mi jardín trasero. Unos dos meses después de mudarnos, entré en el acceso para el auto de mi casa después de un día en el trabajo, cuando de repente algo voló por encima del parabrisas de mi auto. Mientras salía del auto, miré al jardín trasero y vi a mis dos hijos mayores y a uno de sus amigos con bates de béisbol en sus manos, ¡practicando sus golpes de golf sobre la cabeza de mis aspersores! No me podía creer lo que estaba viendo. Me sentí como si estuviera teniendo una pesadilla de la que no podía escapar. Le dije al amigo de los niños que se fuera a su casa inmediatamente. Soltó el bate y corrió como una gacela. Después les dije a mis hijos: "Será mejor que entren a casa antes de que haga algo que todos lamentemos."

Deambulé por la casa durante una hora con un estupor de desilusión. Vi que estaba esperando que mis hijos de cuatro y seis años tuvieran la madurez de los adultos. ¿En qué estaban pensando? ¿No se dan cuenta *de lo difícil que es esto para mí? ¿No aprecian el año de duro trabajo que he tenido? ¡Me apuesto a que lo hicieron solo para enojarme!* Mientras caminaba por la casa, me obligué a orar una de las oraciones más profundas: *Jesús, prefiero tener hijos que aspersores.* Tuve que repetir esa oración una y otra vez porque realmente no lo dije en serio la primera vez. Pero después de una hora, finalmente me convencí de que era cierto.

Desde ese día, ha habido una pregunta que me ha perseguido: ¿Por qué la vida requiere tanto mantenimiento? Lección número seis: Las cosas arregladas no se mantendrán arregladas. Las malas hierbas crecen más rápidamente que todo lo demás. Las relaciones se deterioran si no se nutren. En otras palabras, la remodelación es un estilo de vida. Compramos la casa número tres porque el Dr. David Jeremiah le ofreció a Bill una maravillosa posición en la plantilla de la iglesia Shadow Mountain. La nueva posición ministerial es un sueño, pero el viaje de ida al trabajo de sesenta minutos en el tráfico del sur de California era una pesadilla. Enseguida, oramos para que Dios nos diera un hogar a pocos minutos de la iglesia y el instituto donde Caleb, nuestro hijo más pequeño, estudiaba.

Nuestra agente inmobiliaria Cynthia, encontró una casa en una colina con una hermosa vista a tres minutos del trabajo y la escuela, pero parecía un poco inusual. El propietario era un maquinista, y su "tienda" tenía setenta y cinco metros cuadrados y estaba pegada a la casa. La casa se construyó sobre un garaje para siete autos, donde él restauraba automóviles antiguos. Nosotros solo teníamos dos (tres si contamos el Volkswagen de veinte años que nuestro hijo estaba intentando que funcionase de nuevo). Me encantaba el aspecto de cabaña del piso de arriba, pero parecía que a Bill no le gustaba mucho. Cada vez que visitábamos la casa para decidir si comprarla o no, Bill se quedaba abajo, pensando en lo grande que era el garaje. Finalmente, un poco perpleja por esa conducta, bajé las escaleras y dije: «Bill, ¡no necesitas un garaje para siete autos!»

Entonces mi sabio marido puso una gran sonrisa, mostrando su hoyito en la barbilla del cual me enamoré en un principio, y dijo: «Pam, imagínate esto. Un garaje para dos automóviles, tres oficinas y una habitación de invitados. ¡Y la tienda puede albergar todos los libros y productos a medida que crezca nuestro ministerio!»

¡Era genial! Él pudo ver lo que yo no veía: el asombroso potencial de un futuro brillante en ese garaje. Y esa es la actitud que esperamos que usted también tenga al leer este libro; no mire los problemas, ¡mire el potencial de su amor!

Una caja de herramientas para la vida real

Siempre hemos vivido bajo el lema "el conocimiento no es una habilidad hasta que se vuelve práctico". Para hacer este libro lo más práctico posible, hemos incluido la ayuda de parejas que tienen un historial probado. Les pedimos a algunas parejas que describían su matrimonio como feliz y fuerte, y que hayan estado casados más de veinte años, que contribuyeran. A lo largo de este libro encontrará sus historias y sus palabras de sabiduría.

En siglos pasados, los hombres jóvenes aprendían bajo un maestro artesano oficios como herrería, albañilería y carpintería. Esperamos que este libro sea un programa de aprendizaje para su amor, lleven casados pocos días o más de treinta años. Cada capítulo presentará habilidades prácticas para ayudarles a mantener su matrimonio en buen estado. Así como un artesano aprende su oficio de un maestro artesano mentor, hemos descubierto que es útil tener mentores en el matrimonio. Durante las semanas que estarán leyendo juntos este libro, les animamos a encontrar un matrimonio a la que admiren y pedirles si se podrían reunir con ustedes una vez por semana y discutir los conceptos clave de cada capítulo. Si actualmente tienen un matrimonio feliz, les desafiamos a convertirse en un matrimonio mentor de una pareja recién casada o de una pareja que esté en apuros y transmitir la abundancia de sabiduría que han acumulado. Al contar los secretos del amor, obtendrán un aprecio renovado del amor que han edificado juntos. Se incluyen unas preguntas para el tiempo de orientación al final de este libro.

Finalmente, las parejas que han estado felizmente casadas tienen un círculo de amistad a su alrededor de otras parejas que creen en un amor que dura. Este libro es un gran recurso para mini grupos, así que reúnan a unos cuantos amigos y usen las preguntas para mini grupos al final para formar una red de seguridad para su amor.

Todos estamos en proceso. Estamos edificando, remodelando, "arreglando" nuestro amor. Nuestro objetivo es hacer que los malos matrimonios sean buenos y que los buenos matrimonios sean mejores. Hemos organizado nuestros pensamientos alrededor de un pasaje favorito de la Escritura que se usa en la mayoría de las bodas. Hemos escogido este conjunto de versículos porque forman un fuerte cimiento sobre el que se pueden construir todas las relaciones saludables. A ver si reconocen el pasaje:

> El amor es paciente, es bondadoso. El amor no es envidioso ni jactancioso ni orgulloso. No se comporta con rudeza, no es egoísta, no se enoja fácilmente, no guarda rencor. El amor no se deleita en la maldad sino que se regocija con la verdad. Todo lo disculpa, todo lo cree, todo lo espera, todo lo soporta. El amor jamás se extingue, mientras que el don de profecía cesará, el de lenguas será silenciado y el de conocimiento desaparecerá...Ahora, pues, permanecen estas tres virtudes: la fe, la esperanza y el amor. Pero la más excelente de ellas es el amor (1 Corintios 13:4-8, 13).

Cuando un hombre entra en una tienda de mejoras para el hogar...

Su corazón late más deprisa.

Las endorfinas inundan su flujo sanguíneo.

Se olvida del porqué entró en la tienda.

Sus ojos se mueven de derecha a izquierda, intentando decidir por dónde empezar.

Da vueltas por la sección de herramientas para ver las novedades.

Sueña con todo lo que podría hacer con un nuevo taladro inalámbrico.

Echa un vistazo al material nuevo de cercados.

De camino al material de cercados, observa las nuevas escaleras y las compara con la que ya tiene.

Se acuerda de que llegó a comprar bombillas.

De camino a la sección de bombillas, se detiene de nuevo en las herramientas para revisar los cinturones de herramientas. Se pregunta si su mujer le encontrará sexy con ese cinturón puesto. Se pregunta: *Si me compro un nuevo cinturón de herramientas, ¿mejorará nuestra vida sexual?* No conoce la respuesta, así que se dirige hacia las bombillas.

De camino a las bombillas, observa las máquinas cortacésped. Se pregunta: ¿Necesitamos una máquina cortacésped más grande? En caso de que sí, ¿qué modelo querría?

Vaga por el pasillo de jardinería para ver qué novedades hay.

Echa un vistazo a las sierras de cadena. No necesita una, pero se siente más hombre estando de pie junto a ellas.

Se pregunta cuánto tiempo lleva en la tienda.

Saca la nota de su bolsillo para recordarse por qué entró a la tienda.

Encuentra el pasillo de las bombillas y las escoge.

Se da cuenta de que su esposa probablemente se estará preguntando qué le ha pasado.

De camino a la caja de pago, se detiene de nuevo en las herramientas y echa un vistazo a las nuevas cintas métricas. Sabe que no cuestan mucho, así que decide comprar una.

Continúa hacia la caja.

Compra las bombillas pero decide en el último minuto no comprar la cinta métrica.

Se sube al auto para dirigirse a casa y se dice a sí mismo: *Me encantaría que mi esposa hubiera estado aquí para ver todas estas cosas tan buenas.*

Cuando una mujer entra en una tienda de mejoras para el hogar...

Revisa su lista para acordarse de que necesita bombillas.

Se detiene en el centro de información y pregunta dónde está el pasillo indicado.

De camino a los focos, se da cuenta de que hay muchos hombres en la sección de herramientas.

Pregunta al hombre del pasillo de iluminación qué luces serían mejor para su lámpara.

Pone las bombillas en su cesta.

Se dirige hacia la caja.

Se pregunta por qué hay tres hombres de pie delante de las sierras de cadena.

Compra las bombillas y se da cuenta de que la señora de la caja se llama igual que su hermana. Tiene una conversación de cinco minutos con ella porque no hay nadie más en la fila. Se entera de los nombres de sus dos hijos, dónde se graduó de secundaria y dónde irá de vacaciones el próximo verano.

Se sube a su auto para dirigirse a casa y se pregunta si habrá conocido a una nueva amiga.

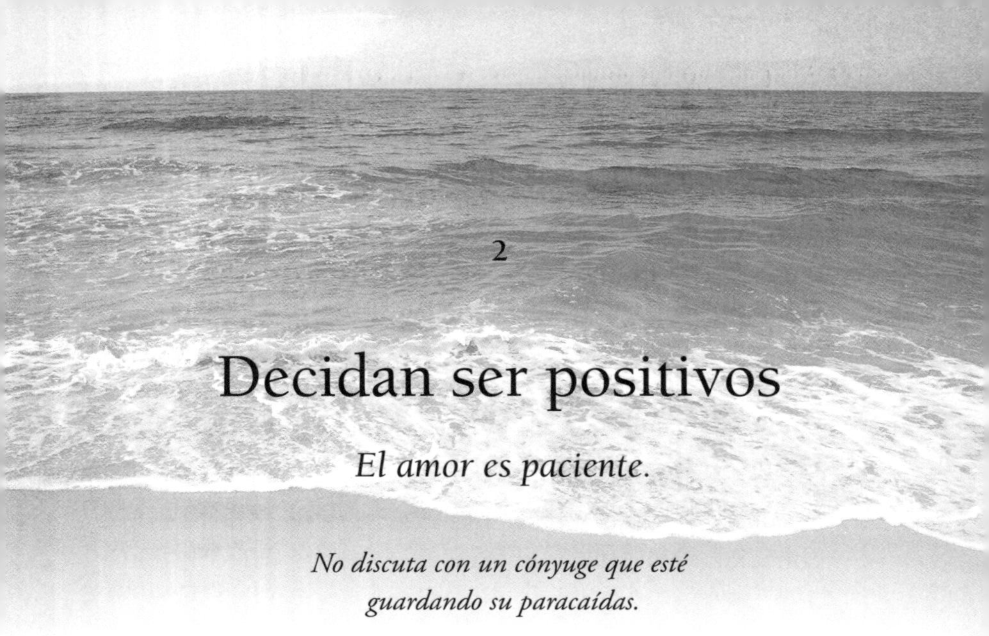

2

Decidan ser positivos

El amor es paciente.

No discuta con un cónyuge que esté guardando su paracaídas.

¡Parecía ser y sonaba como una gran idea! La revista de mujeres hacía que la receta pareciera totalmente tentadora y apetecible. Las instrucciones parecían fáciles: esta vez yo (Pam) no podía fallar. Cierto es que definitivamente nunca me llamaría a mí misma chef. De hecho, apenas si me llamaría preparadora de alimentos. Para ser sincera, la única razón por la que no saqué malas calificaciones en economía del hogar fue porque tenía habilidades relacionales para codearme, y usé el truco del "poste de la valla blanca" de Tom Sawyer. Definitivamente no aprendí a cocinar, pero sí hice varias amistades con otras que sí sabían hacerlo.

Sentía mucha presión, no obstante, porque mi abuela era una cocinera fantástica. Ganaba premios de cocina en la feria local anual de cocina. La gente acudía adrede a probar las galletas caseras que ella hacía. Yo, sin embargo, no recibí ese gen de Betty Crocker. Cuando hago galletas, ¡la gente sale corriendo! Pero cuando estaba recién casada, sentía la obligación moral de convertirme en la nueva Julia Child. Por eso estaba repasando mis revistas de mujeres, buscando una manera de impresionar del todo a mi nuevo esposo. Faisán glaseado era demasiado tentador para resistirse. Era moderno. Era bonito. Y sonaba muy refinado.

Tenía todo el día para desarrollar mi creación. Bill y mi hermano, Bret, que vivía con nosotros en ese tiempo para realojarse en nuestra comunidad, estaban en el trabajo. Eso significaba que podía tomarme mi tiempo ¡y hacerlo perfecto! Tendría un impresionante "Faisán glaseado" para cenar a la luz de las velas. Bill estaría tan impresionado con mi nuevo talento culinario que definitivamente querría disfrutar de una tarde romántica. Tan solo le daría a mi hermano una entrada para el cine o algo para que no estuviera en casa, y así Bill y yo podríamos estar solos. ¡Este plato iba a avivar la llama de nuestro amor!

Pensé por un momento. ¿Qué serviría *con un plato tan seductor? ¿Podría hacer que algo ordinario pareciera extraordinario? ¿Tendría tiempo para cocinar también un pastel de chocolate y llamarlo "Fantástico preliminar"?* Un pastel parecía algo muy soso para un "Faisán glaseado". El plato principal pedía algo más como *Cherries Jubilee* o "Alaska al horno". Algo con llamas. En nuestro pequeño apartamento, no obstante, no estaba segura de poder crear ese mismo efecto.

Un año antes, mientras celebrábamos nuestro aniversario en un restaurante, pedimos *Cherries Jubilee*, y nuestro chef lo preparó en nuestra mesa. Había pelado una naranja haciendo que la cáscara se pareciese mucho a un juguete de tobogán en espiral. Vertió el licor por la cáscara y la encendió con una cerilla. La llama descendió por la espiral de la cáscara a medida que el delicioso licor de naranja descendía hasta la cazuela de cerezas calientes por encima. ¡Fue algo mágico! ¡Genial! ¡Una obra de arte! Por un instante, estaba convencida de que podría volver a recrearlo en mi propia casa. Entonces, también en un instante, me acordé de las calificaciones que debería haber recibido en economía del hogar. Decidí no arriesgarme a incendiar el complejo de apartamentos. No, mantendría enfocada toda mi energía y atención en el lujoso plato principal.

Así que me dirigí al supermercado. Con emoción conseguí los ingredientes necesarios: gelatina sin sabor, caldo de carne, verduras. Busqué el faisán, pero no había. Razoné: *Todo sabe a pollo, así que imagino que el pollo también servirá.* Escogí un pollo entero y me dirigí a las cajas.

Una vez en casa, intenté seguir cuidadosamente todas las instrucciones. Recuerdo que tardé mucho porque tuve que cocer el pollo, esperar a que se enfriase, deshuesarlo y luego crear tiras finas que irían debajo del "glaseado". Medí todo e hice los preparativos. Me distraje con un programa televisivo de entrevistas mientras esperaba entre paso y paso. Tuve que hacer muchas cosas que nunca antes había hecho, como hacer gelatina sin sabor y cocinar con cubos de caldo de carne. (La única gelatina que conocimos de niños era la gelatina de lima con trocitos de piña y unas nubes dulces pequeñitas. Lo comíamos todas las fiestas. Cuando mamá se sentía realmente festiva, la hacía en un molde con forma de árbol de Navidad pequeño encima. Una vez intenté hacer esta gelatina, pero no sabía que tenía que poner el molde en agua fría en el momento correcto. Mi arbolito de Navidad se cayó del molde en pequeños trozos de gelatina.)

Preparé todas las tiras de pollo y las verduras. Puse la mezcla de gelatina "glasé" sobre el pollo en el mágico molde de hojalata. Estaba tan agradada conmigo misma que me fui a nadar en la piscina de los apartamentos. Me sequé, me tumbé en la tumbona y pensé: *Me siento rica, divina. Así es como deben de sentirse todas esas mujeres de las novelas mientras se tumban esperando a que su hombre llegue a casa de su carrera de producción de un millón de dólares en el elevado complejo de oficinas en los rascacielos de la ciudad. Esto definitivamente me llevará a una tarde emocionante.*

Pero Bill llegaba a casa de trabajar en los campos petrolíferos. Éramos estudiantes en apuros, haciendo cualquier tipo de trabajo para pagar la renta y la escuela. Yo tenía dos trabajos a tiempo parcial. Conducíamos un Vega azul con un portón verde. El asunto que habría probablemente en la mente de Bill sería cómo ahorrar dinero para graduarnos. Ciertamente no teníamos sirvientes, ni criadas, ni edificios altos en los que trabajábamos; pero yo sí tenía esa piscina en el complejo de apartamentos en el calor bochornoso de Bakersfield y a Hank Williams sonando en una vieja radio. ¿Qué más podría desear una chica?

Mientras yo soñaba despierta con ser rica, me olvidé por completo de servir algo con el faisán (es decir, el pollo) glaseado. No tenía fruta, ni postre, ni pan. El resto de la comida no se me había cruzado por la mente porque el pollo glaseado era el plato mágico. ¿Quién necesita seguir en la cocina cuando tiene una poción amorosa enfriándose en la nevera?

Los chicos regresaron del trabajo. Habían tenido un largo y caluroso día en los campos petrolíferos y estaban hambrientos. Mi hermano preguntó primero: «Oye hermana, ¿qué hay de cena?»

«¡Es una sorpresa!»

«Una sorpresa, ¿eh cariño? ¡Debe de ser buena!», Bill bromeó mientras yo oía rugir su estómago.

«Sí, lo será. La mesa está lista; cariño, ¿puedes encender las velas?»

Bill enseguida atendió mi petición.

«Bien, ¿están listos?»

«¡Claro!», dijeron ambos, tomando cada uno su tenedor.

Saqué la bandeja del refrigerador. El molde de pollo estaba

decorado, y yo admiré mi creación. Lo puse en el centro de la mesa.

«¿Qué es eso?», dijo mi hermano con un poco de decepción (o repulsión).

«Pam, estoy seguro de que sabe magnífico», dijo Bill, al ver que yo estaba conteniéndome las lágrimas. Se dio cuenta de que mi hermano, siempre tan sincero (y a veces directo) hirió mis sentimientos. «Oremos.»

Bill hizo una oración muy espiritual. O sabía que era un momento medio sagrado, o estaba pensando que la comida necesitaba un milagro. Si Jesús pudo convertir el agua en vino, ¿convertiría el pollo en gelatina en una pizza del Pizza Hut?

Serví a cada uno un gran pedazo. Cada porción era algo parecido a un trozo de tarta de gelatina. Para mi decepción, se rompió como el arbolito verde de Navidad. *No importa*, pensé. *Sabrá fabuloso.*

Bret tomó un bocado. Se lo tragó con dificultad y se engulló casi medio vaso de leche. Miró directamente a Bill con una mirada que decía "Te reto". Bill miraba petrificado. Me miró y leyó el mensaje en mi rostro: ¡Por favor, ámame! ¡Por fa*vor, ama mi plato porque soy nueva esposa!* Bret estaba enviando a Bill un mensaje subliminal: ¡Corre mientras aún puedas hacerlo! Con el mismo gusto que uno reúne para hacer gárgaras con el enjuague bucal Listerine, Bill tomó un bocado. Hizo una pausa meditativa. Estoy segura de que estaba sopesando sus opciones: *Si miento, ¿me castigará Dios? ¿Vale la pena decirle la verdad? ¿Cómo será el resto de la tarde?*

«Interesante», balbuceó Bill, intentando alcanzar su vaso de leche. Dio un trago. «¿Cómo dices que se llama este plato?»

«Faisán glaseado. Mira, está aquí en esta revista.» Agarré la revista. Ahí dibujada había una comida perfectamente cocinada e irresistible. No se parecía absolutamente en nada a mi mejunje sin sabor alguno.

«¿Qué piensas, cariño? ¿Qué piensas, Bret?»

¡Silencio! Ninguno de estos hombres, por lo general, valientes se atrevía a hablar primero.

«Pam», se aventuró Bret, «tú sabes que mamá siempre nos enseñó que si no puedes decir nada agradable… bueno…»

«¡No puede estar tan malo! ¡Déjame probarlo!», dije yo defensivamente mientras retenía mis lágrimas.

Di un bocado ilusionado. La consistencia era similar a eso viscoso que se forma alrededor de las salchichas Vienna o Spam. Aparte de un débil sabor a cebolla, no sabía a nada. Es increíble cuántos pensamientos pueden pasar por la mente en un instante. En unos segundos, recuerdo que pensé: *Debí de haber previsto que ocurriría esto. Me cuesta hacer macarrones con queso, y ¿pensé que podía hacer esto? Bill y Bret están siendo amables. Deberían estar diciéndome que esto es incomible. Probablemente quieren rescatarnos a todos de tener que sobrevivir a esta comida. Debería aceptar el hecho de que no soy cocinera y que mis esfuerzos se pueden usar mejor en otra actividad. Esto es horrible.*

Mientras contenía una arcada automática, solté: «¡Rayos! ¡Está horrible! Creo que no me comería esto aunque fuera el último bocado de comida que quedara en el planeta y acabase de terminar un ayuno de cuarenta días!»

Bill soltó un gran suspiro de alivio y luego se rió.

Bret dijo: «Me alegro de que hayas dicho eso, Pam. Como tú y Bill me están dando un techo donde vivir, no iba a decir nada que hiriese tus sentimientos. Solo estaba buscando una manera de deshacerme de esta comida sin comérmela.»

Comencé a reírme, y luego comencé a llorar. No teníamos casi nada más en la casa para comer. Probablemente podría haber encontrado algunos cereales o una lata de sopa de pollo con fideos. Todavía faltaba mucho para el día de paga, y había despilfarrado mucho en los ingredientes de mi sofisticado faisán glaseado. «¿Qué vamos a hacer? Esto no se puede comer, y creo que no tenemos mucho más por aquí.»

Mi hermano dijo: «Tú me libraste de tener que decir algo, así que ¿por qué no me dejan que traiga algo del Burger King?»

«¡Gran idea! ¡Gracias, Bret!»

Mientras recogía el salón para lavarme los dientes y quitarme el insípido potingue de la boca, oí a Bill susurrar: «Gracias, hombre. Te debo una.»

Tras el viaje a Burger King, mi hermano soltero se ofreció voluntario para dejarnos e ir a jugar al baloncesto con sus amigos en el parque. Sabía que Bill quizá tendría que pasar un rato ayudándome con mis emociones. Aprendí que un fracaso con el faisán glaseado no necesariamente tiene que arruinar el *amore*. Desde el primer bocado, Bill me había llenado de halagos y excusas para librarme. Me halagó por intentar algo nuevo. Me aseguró que todo estaba bien y me recordó lo que le gustaba de mí.

Bill me inundó con tanto afecto y afirmación que regresé a mi imagen mental donde estaba acostada en la tumbona junto a la piscina, esperando a que mi príncipe llegara con su Jaguar y me llevara a la habitación. No teníamos Jaguar, y mi príncipe olía un poco al olor que tiene una caja de herramientas de un mecánico, pero teníamos una cama y Hank Williams cantando en la radio. ¿Qué más podría desear una chica? ¿Quién necesita faisán glaseado, de todos modos? ¡Yo no! ¡Canta, Hank!

Decidan ser positivos

Así como Bill pudo decidir cómo responder ante el "Pollo glaseado," todos podemos decidir cómo manejar las circunstancias de la vida, los estados de ánimo de nuestro cónyuge y nuestras propias emociones. Cuando la vida es un desafío, cuando las circunstancias son difíciles, cuando nuestro compañero o nuestros hijos no se portan bien, aun así podemos decidir ser positivos. Estas son algunas maneras de recomponerse y recuperarse de un desastre emocional:

1. Pruebe las aguas. No diga nada. Solo dele un abrazo, apriete su rodilla o dele golpecitos en su mano. A veces las mejores cosas de la vida son las que no se dicen. Para recordar este principio, piensen en este pequeño poema:

> Para mantener un matrimonio rebosando
> De amor en la taza del amor—
> Admítelo cuando te estés equivocando
> Y cuando tengas la razón, ¡calla, por favor!

2. Busque lo positivo. Cualquier cosa positiva, incluso: "Hace muy buen tiempo hoy, ¿eh?" De hecho, un investigador descubrió que cuanto más positivamente los matrimonios evaluaban su comunicación, más satisfechos estaban con su relación. El especialista en conflictos matrimoniales John Gottman descubrió que las parejas casadas satisfechas tienen una media de cinco interacciones positivas por cada interacción negativa.

Decidan tener una actitud positiva, y de ellas surgirán palabras positivas.

3. Intente animar. Busque algo que sea bueno. Diga alguna palabra de afirmación. Bill a menudo dice cosas como: "No importa, Pam. Prefiero estar aquí contigo en esta situación que con cualquier otra persona en cualquier otro lugar." Cuando Bill de algún modo mete la pata, por lo general digo algo como: "No pasa nada. Eres un hombre fantástico, y esto no ha sido nada." Enumeren de manera espontánea los mejores rasgos de su cónyuge.

(¡A quién le importa si sabe o no cocinar si su esposo le llama "mujer ardiente!")

4. Busquen el humor. Eviten el humor cortante que puede herir un corazón, pero busquen el chiste interno. Recuerden una mala situación y hagan alusión a ella.

Nosotros viajamos bastante, y a veces comemos algunos alimentos bastante particulares y nos vemos en algunas circunstancias bastante particulares. Para mantener ambos una buena actitud, uno de los dos quizá dice: "¡Esto sabe mejor que el faisán glaseado!" En nuestro sondeo a parejas que tienen matrimonios duraderos y felices, ¡casi todos mencionaron la necesidad de un buen sentido del humor! El rey Salomón, conocido como el hombre más sabio de la historia, dice: "Gran remedio es el corazón alegre" (Proverbios 17:22), y: "Panal de miel son las palabras amables: endulzan la vida y dan salud al cuerpo" (Proverbios 16:24).

5. Mantenerlo en perspectiva. Cuando alguien tiene cáncer, o acabamos de perder a un ser querido, recordamos que todo lo demás es tan solo un obstáculo que vencer. Mi amiga Debbie, una esposa con una carrera militar, da a las esposas jóvenes y estresadas un gran consejo cuando se ve ante una circunstancia difícil: "Tan solo adáptate y vence." Pedimos a las parejas casadas felizmente durante mucho tiempo de nuestro sondeo su consejo para los recién casados, y muchas de ellas usaron la misma frase: "No hagan una montaña de un grano de arena." Antes de montar en cólera por algún asunto, pregúntense: ¿Será importante esto dentro de diez años? ¡Por lo general no importará dentro de unas horas! A menudo me pregunto: ¿Es la manera de Bill *inmoral o ilegal?* (Claro, la respuesta es siempre no, así que lo más seguido que puedo, intento dejarlo en sus manos como un regalo de amor.)

6. Vayan al plan B. Ofrezcan sugerencias y soluciones alternativas. Si las cosas se ponen muy tensas, quizá sea algo bueno simplemente calmar un momento a su cónyuge y preguntar: "¿Estás listo ya para considerar algunas alternativas que se nos ocurran?" Cuando Bill y yo estábamos recién casados, las toallas Viva tenían un anuncio que demostraba la resistencia de sus toallas comparándolas con otras. En una situación difícil, cuando no sabíamos qué hacer, uno de nosotros preguntaba: "¿Qué hacemos?" El otro respondía con una sonrisa: "¿La prueba de las toallas Viva?" Por supuesto, no era la respuesta real al asunto o problema real que teníamos delante, pero por lo general aligeraba el estado de ánimo y nos hacía reír para tener una mejor actitud. Nos daba la oportunidad de recomponernos, ordenar nuestros pensamientos y encontrar un nuevo plan o solución al verdadero problema.

7. ¡Salgan a pasear! Si su pareja tiene un gran colapso emocional, ofrézcale llevarse a los niños al parque. (¡Probablemente ellos también quieran escapar!) Evacuar el lugar a veces permite que Dios pueda obrar en silencio en su cónyuge. La sanidad y el ánimo de Dios pueden ser poderosos. Prepárele a ella un baño, encienda algunas velas, ponga una música suave y ore por ella. Concédale a él un lugar seguro donde escaparse y enfriarse. El garaje, la pista de tenis, el campo de golf o la cancha de baloncesto podrían ser buenos lugares donde él pueda recuperarse mentalmente. O encuentren una manera de relajarse juntos. Salgan a pasear, vayan a montar en bicicleta, o a regar el césped. Una nota al margen interesante de nuestro estudio a parejas casadas desde hace mucho es que muchos de ellos mencionaban que comprar un jacuzzi fue una de las mejores inversiones que hicieron para su matrimonio. Un matrimonio decía: "Descubrimos que el tratamiento del silencio no funcionaba, así que finalmente aprendimos a comunicarnos y compartir cómo nos sentíamos. Cuando conseguimos nuestro jacuzzi, nos metíamos ahí por la noche, nos contábamos cómo nos había ido el día, y hablábamos de las cosas que nos molestaban antes de que se convirtieran en problemas más graves."

8. ¡Vaya, mira ahí arriba! Ofrezca una distracción: el cine, ir de compras o salir a comer. Para muchas mujeres, ir a Starbucks a tomar un capuchino, una parada en Crate and Barrel, alguna loción de Victoria's Secret, o cualquier tipo de chocolate podría funcionar muy bien. Para un hombre que esté decepcionado o enojado, ir a las pistas de bateo para que suelte sus agresiones podría ayudarle un poco. Vi un patrón saludable en mis abuelos, que estuvieron casados durante más de sesenta años. Cuanto más enojados estaban entre ellos, más trabajaban. Cuando la abuela estaba muy molesta, la casa estaba impoluta. Cuando el abuelo pensaba que no se podía hablar con la abuela, ¡aparecía un nuevo granero en su finca! Un consejero una vez nos dijo en una conferencia: "Si tienen que escoger entre disfunciones, escojan trabajar desmesuradamente en lugar de la depresión. ¡Al menos tendrán algo que enseñar cuando se vayan las emociones!"

9. Mea culpa: Si el colapso emocional fue culpa de usted, discúlpese. Una vez ayudé al esposo de una de mis mejores amigas a organizar una fiesta de cumpleaños sorpresa para ella. Estaba tan estresado por intentar mantenerlo en secreto y esconder todos los detalles, que no se estaba comportando de manera natural. Ella se enojó como respuesta. En medio de una discusión la noche antes, ella se marchó indignada. ¡Estaba molesta porque pensaba que él no iba a hacer nada especial por su cumpleaños! Para no estropear la sorpresa, él se tragó todas sus voces, desvaríos y emociones. Finalmente se ofreció a llevarles a ella y a los niños a cenar a un lugar bonito y luego al cine. Para darle la sorpresa, él dijo que tenían que detenerse en la casa de una amiga de ella de camino.

Pues bien, cuando mi amiga de cuarenta años entró en su fiesta sorpresa, soltó un emocionado grito de alegría. Después, inmediatamente se arrojó en los brazos de su esposo y le pidió disculpas delante de todos sus invitados: "¡Lo siento mucho!" Ella descubrió un sabio principio: Cuanto mayor sea la metedura de pata, más grande debería ser la disculpa. Los chicos aprendieron hace mucho que los dulces, las flores y los diamantes son buenas maneras de salir de una situación difícil. Recuerde: ¡ningún marido ha sido jamás tiroteado mientras lavaba los platos! Así que si perdió los papeles con su cónyuge, intente pensar en una manera sincera y creativa de arreglarlo. Una vez vi una enorme sábana blanca con un: "¡Lo siento, Paula!" pintado con espray en letras grandes. No sé cuál fue el error de ese hombre, pero debió de haber sido bastante grave. Espero que Paula le perdonase.

10. Olviden pronto. Las parejas apasionadas pueden subir en la montaña rusa emocional de la vida juntos. Las parejas que deciden dejar que el pasado se quede en el pasado consiguen un nuevo comienzo el uno con el otro regularmente. Las parejas que dejan que el resentimiento crezca ven que incluso las infracciones más pequeñas pueden crear graves conflictos. Un esposo ofreció este brindis a su esposa en una fiesta de aniversario: "Por el buen sentido del humor, ¡y una memoria corta! Que nunca nos olvidemos de lo que vale la pena recordar, ni recordemos lo que está mejor olvidado."

11. ¡Oh, amado Señor! Lo más importante, ¡oren! Nuestras relaciones unos con otros se producen en todos los niveles. Son físicas, emocionales, sociales y espirituales. A veces simplemente tenemos que reconectar con Aquel que nos creó. Quizá usted ofrezca una simple oración como: "Jesús, por favor, danos una manera distinta de ver nuestra situación." Dios podría enviarle una idea creativa para salvar la situación.

El mismo teléfono, la misma dirección

El escritor Phil Callaway escribe esto de su vigésimo aniversario de boda:

> El agosto pasado, mi esposa Ramona y yo celebramos veinte años de casados, la mayoría de ellos buenos... supongo que hay cien razones por las que aún tenemos el mismo número de teléfono y dirección. Estas son las cinco más importantes para mí:
>
> *1. No dejamos alternativas.* Los primeros tres años de nuestro matrimonio fueron penosos. Hasta que conseguí el divorcio: un divorcio de amarme a mí mismo y hacer todo a mi manera. Qué diferencia supuso esto. Encontrar a la persona apropiada, he descubierto desde entonces, es menos importante que ser la persona apropiada.
>
> *2. Incluso jugamos juntos al golf.* A mi esposa le gusta el golf tanto como a mí ir a comprar tela de cortinas. Pero ella me acompaña a veces y me anima mientras yo golpeo. Nuestro quinto aniversario lo celebramos en un campo de golf a petición de ella. Quizá por eso me resulta más fácil cambiar los muebles de sitio cuando me lo pide. O aspirar las alfombras. O bañar al perro. Uno de estos días me entrarán las ganas de entrar en una tienda de telas de cortinas.

3. Trabajamos en las pequeñas cosas. Antes, dejaba barro en la alfombra y cabellos en el lavabo. Peor aún, a menudo le lastimaba con un comentario hiriente, o dejaba tirada mi ropa interior. Las pequeñas cosas pueden crear una montaña (créame). Así que estoy aprendiendo a cuidar de los pequeños detalles, antes de que se hagan grandes detalles. Si salgo el último de la cama, la hago. Si voy a llegar tarde a cenar, aviso por teléfono. Nos vamos a la cama a la vez aunque yo no esté cansado, y le doy un beso antes de afeitarme por la mañana. En dos ocasiones el año pasado encendí las velas en nuestra habitación, las veces que he dicho "Estaba equivocado", y el otro día (redoble de tambor, por favor), incluso encontré el cesto de la colada.

4. Viajamos juntos. Siempre que podemos, Ramona se viene conmigo cuando tengo que viajar por el país hablando. Claro que cuesta dinero, y hace años que no tengo un asiento de ventanilla, pero ¿a quién le importa? Nuestro plan de ahorros para la jubilación quizá sea más pequeño, pero me gustaría hacerme mayor con alguien con quien compartir más que dinero, con quien compartir recuerdos.

5. Oramos juntos. Uno de los primeros deseos de Ramona para nuestro matrimonio era que orásemos juntos. Y he honrado esto. Según lo entiendo yo, la oración es la única razón que da la Biblia a las personas casadas para abstenerse de hacer el amor. Primera de Corintios 7:5 dice: "No se nieguen el uno al otro, a no ser de común acuerdo, y sólo por un tiempo, para dedicarse a la oración. No tarden en volver a unirse nuevamente; de lo contrario, pueden caer en tentación de Satanás, por falta de dominio propio." ¡A veces ha sido una oración muy corta! Pero llevar nuestros deseos, nuestros sueños y nuestras preocupaciones a Dios juntos nos ha unido como pareja.

Últimamente hemos estado dando gracias a Dios en la noche por su increíble gracia. Por tomar a dos niños egoístas que apenas sabían cómo deletrear la palabra amor y acercarlos a Él y el uno con el otro cada vez más… Durante estos veinte años, Él se lleva todos los méritos.

De camino a nuestro carísimo hotel, escuchamos a Huey Lewis y los News cantar "Estoy feliz de estar contigo", y ambos sonreímos y movimos el esqueleto. Pero ni el pegamento ni las cadenas pueden unir a un matrimonio. Cien hilos pequeños sí pueden. Hilos como la confianza, el compromiso, la amabilidad, la humildad, la gentileza, el respeto y las flores en un aniversario.

Mientras nos registrábamos, le dije a nuestra anfitriona lo importante que era ese día. Sus ojos se abrieron de par en par.

«¡Vaya!», dijo ella, «¡eso es mucho tiempo con la misma persona!»

«Sí», respondí con una sonrisita, «pero se hubiera hecho mucho más largo sin ella».[1]

3

Decidan hablarse con bondad

El amor es bondadoso.

La vida de casados es muy frustrante. En el primer año de matrimonio, el hombre habla y la mujer escucha. En el segundo año, la mujer habla y el hombre escucha. En el tercer año, ambos hablan y los vecinos escuchan.

Cariño, te veré a las doce en casa de Linda. Dejaremos a Brock, y luego iremos juntos a la cita médica, el ultrasonido y la visita al hospital.»

«¡Estupendo!», contestó Bill desde el salón.

El día siguiente a las doce, yo estaba de pie fuera de la casa de Linda con Brock, de dos años, sobre mi cadera. Llamé al timbre de la puerta. Ella no respondió, pero pude oír que sonaba el teléfono. Esperé, y esperé, pero ni rastro de Linda ni de Bill. *Señor, sé que estoy embarazada y se me olvidan un poco las cosas, pero hablé con Linda y con Bill anoche, y estoy segura de que dije a las doce. ¿Qué debo hacer? No puedo llevar conmigo a un niño de dos años al doctor. ¡Se subiría a la máquina de ultrasonidos! Ya creó un sofisticado sistema de poleas con las cuerdas de las cortinas esta mañana y volcó 3.567 piezas de Lego para construir un "¡ca'tillo, mami!" ¡He cantado por última vez "Las ruedas del autobús"! Señor, por favor ¡envía a Bill y a Linda!*

Toqué desesperadamente el timbre una vez más. No estoy segura de qué esperaba, quizá que de algún modo Linda apareciera por arte de magia.

Mi reloj decía que eran las 12:15, y nuestra cita era a las 12:30. Podía oír sonar el teléfono de Linda una y otra vez. "Tiene que estar en casa y responder al teléfono", mascullé, dándole desesperadamente unos cereales a Brock que tenía en un bote con una carita feliz. *Esa carita sonriente no me anima en nada. Casi no me quedan cereales ni tiempo, Señor.* Tú eres Dios. Tú controlas el universo. ¿Podrías ayudar a esta mamá embarazada y hacer que aparecieran Bill y Linda delante de mí ahora mismo? Pero, aparentemente, incluso esta mujer embarazada no iba a mover los cielos.

Rebusqué por mi bolso y pañalera para ver qué entretenimiento podía encontrar antes de irme a casa. El inventario incluía un automóvil de juguete, un paquete de migas de galletas saladas, una caja de pasas, y un libro de *Buenas noches, luna. Oh Señor, ¿seré capaz de volver a leer "Buenas noches estrellas, buenas noches luna…"?* Volví a mirar en mi bolso y encontré una pelota de béisbol de goma que sonaba. *Si me siento en la consulta del doctor con mis dedos en los oídos para no oír el incesante sonido de la pelota, esa pelota debería mantenerle entretenido y volver locas a las enfermeras durante diez minutos.* Calculé que el resto de mi arsenal solo me aportaría unos treinta minutos.

Cuando pensaba en los dos litros y medio de agua que bebí para el ultrasonido me hacía doblarme de dolor y querer ir al baño. No podía entrar en casa de Linda para usar su inodoro. Caminé (encorvada, manteniendo cuidadosamente mis rodillas juntas) y recorrí el perímetro de la casa, buscando alguna puerta o ventana abierta. Aunque estaba desesperada, no podía imaginarme trepando con mi cuerpo de nueve meses de embarazo por una de esas ventanas.

El teléfono volvió a sonar. Comencé a pensar que era Linda que intentaba llamarme y decirme que llegaba tarde. *No, Linda, yo soy la rubia que pensaba que ese plan funcionaría.*

En ese preciso momento, llegó Linda. Eran las 12:25. Ella resopló en tono de disculpa alguna buena razón por la que llegaba tarde. Estaba tan agradecida, que al instante me convertí en alguien compasivo. A fin de cuentas, ella estaba cuidando de Brock gratis. Todos sus hijos estaban en la escuela, y no tenía que ir de voluntaria a jugar a la pelota ¡y escuchar ese sonido! Linda se transformó en un ángel, la Madre Teresa, y Florence Nightingale a la vez. Le entregué a Brock mientras entraba en mi automóvil. El teléfono estaba sonando de nuevo, y Linda abrió a toda prisa la puerta y lo descolgó. De inmediato soltó el teléfono, salió por la puerta corriendo y por la calle detrás de mí. Parecía estresada y eso me hizo temer. ¿Habría tenido Bill algún accidente? ¿Estaría tirado sangrando y magullado en la cuneta de la autopista? Por un momento, sentí empatía por mi demorado marido. Entonces unos pensamientos monstruosos comenzaron a saltar en mi mente: *Bueno, le haría bien recibir unos cuantos golpes y magulladuras. Quizá le ocurriría lo mismo si apareciera aquí ahora.*

Linda estaba dando golpecitos en mi ventanilla: "Es Bill. Está al teléfono y preocupadísimo por ti. Dijo que había quedado contigo en casa de Linda a las doce." Él había ido a casa de Linda Brobst, y yo fui a casa de Linda Lamirand.

La decisión es de usted

Ahora tenía que tomar una decisión. Podía crear un drama moral e intentar echarle toda la culpa a Bill por este lío, pero realmente no teníamos tiempo para una gran pelea, y llegué a la conclusión de que lo mejor que podía hacer era aceptar parte de la responsabilidad y disculparme. Con mi vejiga pensando por mí, decidí la ruta apropiada. Anduve como un pato hasta el teléfono y al unísono dijimos: «Cariño, ¡lo siento!»

«Bill, lo siento, realmente pensé que dije Linda Lamirand. Bueno, te veré en el hospital.»

Bill respondió: «De acuerdo, amor, en el hospital entonces.»

Me subí en mi automóvil a las 12:40 y tenía un viaje de diez minutos hasta la maternidad. Durante todo el camino estuve repasando mi conversación original con Bill. Estaba segura de que dije en casa de Linda Lamirand. Me quejé y le gemí a Dios durante todo el camino hasta el hospital por la especie masculina. *Los hombres no se acuerdan de los detalles, Señor. Deben de tener la enfermedad del marido. Siempre ponen las cosas fuera de su sitio, no se dan cuenta en absoluto de las arrugas en la ropa, ponen el cartón de leche otra vez en la nevera cuando solo quedan unas gotas. Y dejan su ropa interior y sus calcetines tirados en medio de la habitación en lugar de ponerlos en el cesto de la ropa sucia.* Era mi día de suerte. No importaba que mi Bill casi nunca hiciera ninguna de esas cosas, ahora él estaba en problemas solo por ser varón.

Estaba enojada con el género masculino, y sentía que mi vejiga me iba a explotar. Un doctor *varón* me había dicho que me hiciera ese ultrasonido, un técnico *varón* me dijo que bebiera dos litros y medio de agua en una hora, y un esposo *varón* me había hecho llegar tarde. Mi frustración estaba justificada al recordarme que Bill tenía gran parte de culpa por crear el estado de gestación en el que me encontraba. Iba muy deprisa y sabía que merecía una multa, pero cualquier policía varón que me detuviese se hubiera puesto en un grave peligro. Podía imaginarme las noticias de la noche: *"Tenemos un caso de secuestro en la Avenida Union. Una mujer embarazada de nueve meses ha tomado a un vicealcalde como rehén y ha expuesto sus demandas...*"

Llegué al hospital y pensé: ¿Qué dije? "¿Te veré en el hospital"? Pero B*ill sabe que nuestra cita es en el centro de maternidad. Estuvo aquí la semana pasada en la cita cuando hicimos este plan. Me pasaré por la maternidad para ver si su automóvil está ahí. No. ¿Lo ves, Dios? ¿Qué haría este hombre sin mí? Regresaré al hospital y veré si está ahí.*

Mientras entraba, vi a Bill en la puerta principal del hospital. Estaba furiosa y lista para montársela hasta que le oí decir:

«¿Estás bien, cariño? Sé que nuestra cita es en el edificio de maternidad. Ya me pasé por ahí y les dije que íbamos un poco tarde, pero ellos también van con retraso. Pero como tú dijiste en el hospital, vine aquí para recogerte.» ¿Cómo podía estar enojada con un hombre tan dulce y concienzudo? *Señor, ¡Bill es el mejor marido del mundo! Entonces, ¿qué importa si no sabe la diferencia entre Linda Lamirand y Linda Brobst?*

Levantó su brazo para ayudarme a salir del auto. Mientras caminaba torpemente hasta el centro de maternidad, apretaba su brazo del dolor. Queriendo que el resto del día fuera mejor, pregunté: «Cuando salgamos, ¿quieres que vayamos a comer algo?»

«Depende de la hora a la que terminemos. Tengo una cita de consejería prematrimonial con una pareja joven.»

«Ah, bueno. Veremos entonces. ¿Cuál es el tema de la sesión con ellos?» Bill avergonzadamente alzó la mirada y sonrió: «¡La comunicación!»

Decidan hablar con amabilidad

Nuestra mala comunicación se podía haber complicado más aún si Bill y yo hubiéramos decidido culpar, dañar, rebajar, acusar y enojarnos. Cuando ambos llegamos a la consulta del doctor, estábamos exhaustos, pero no teníamos bagaje emocional que solucionar. No tuvimos que perder un tiempo muy valioso en ajustar nuestras actitudes para poder disfrutar de aprender más de esa pequeña vida que crecía en mi interior. Nadie tuvo que hacer de árbitro para que pudiésemos hacer la tarea entre manos. La amabilidad protegió nuestro amor. Unas cuantas destrezas clave les ayudarán a hablar con amabilidad y proteger su amor.

Midan dos veces, corten solo una

Las personas en la industria de la construcción comúnmente dicen: "¡Mide dos veces y corta solo una!" Revisando las medidas, evitan errores costosos. Del mismo modo, cuando medimos nuestras palabras y revisamos lo que se nos ha comunicado, evitamos errores relacionales costosos. Gran parte del drama con mi cita del ultrasonido, incluida una buena medida de dolor de vejiga por el retraso, se podía haber evitado si me hubiera asegurado de que Bill y yo teníamos el mismo plan en mente.

"Bill, te veré en casa de Linda Lamirand mañana a las doce. Esta es su dirección y número de teléfono."

Entonces Bill lo podía haber repetido para asegurarse de recibir la información precisa: "Me parece bien, en casa de Linda Lamirand a las doce." Después podía haber doblado la dirección y habérsela guardado en su cartera. Sin drama, sin trauma, tan solo una clara comunicación.

Pero en el fragor de la crisis, sí hicimos una cosa bien. Medimos nuestras palabras. Cuando estábamos en el teléfono, ninguno intentó culpar o avergonzar al otro. En cambio, medimos nuestros comentarios y decidimos mantenernos positivos y sacar lo mejor de una mala situación.

¡Bateen!

Cuando las parejas están aprendiendo a comunicarse, por lo general experimentan algunas eliminaciones por strike al batear. Para elevar su porcentaje de bateo y mantener sus corazones conectados, prueben algunos de estos consejos de parejas que han pasado ya por ello.

Las personas que tienen matrimonios largos y felices han encontrado una manera de asegurarse de que su cónyuge se sienta entendido y apoyado. El proceso de aprendizaje no es natural, así que se debe practicar. Las parejas en nuestro sondeo que tuvieron consejería y clases prematrimoniales parecían tener un comienzo más fácil. Otras parejas pronto aprendieron que les faltaban destrezas de comunicación, así que al poco de su matrimonio fueron a conferencias o leyeron libros e intentaron las técnicas sugeridas. Algunas parejas aprendieron por las malas.

Preguntamos a las parejas: "¿Cómo manejan los desacuerdos?" Estas son algunas de las respuestas:

Megan y Chuck, que llevan casados veintidós años, fueron bastante sinceros en sus respuestas:

- nos gritamos
- nos separamos
- nos tranquilizamos
- perdonamos
- hablamos las cosas y compartimos nuestros puntos de vista
- lo soltamos
- decidimos que no siempre tiene que ganar uno de los dos

Sandy y Paul, después de veinticinco años juntos, han decidido ceder en sus estilos de manejar el conflicto. Sandy dice: "No tenemos muchos desacuerdos serios. Por lo general, y probablemente para disgusto de mi esposo, lo hablamos… y hablamos… y hablamos. Él tiende a olvidarlo, y yo tiendo a golpear el asunto hasta matarlo, así que nos tenemos que encontrar en el medio de ambas tendencias. Pero debido a nuestra fe en Cristo, estamos de acuerdo en la mayoría de cosas."

Trish y Bill han decidido en sus veintisiete años juntos que la clave es "oír la opinión del otro y escuchar la razón por la que tenemos nuestra opinión". Carl y Brenda llevan casados más de treinta años, y recomiendan un periodo de enfriamiento o "dedicar un tiempo cada uno a pensar otra vez en el asunto". Esto permite que las emociones se calmen antes de tener sus discusiones. Karen y George, que recientemente celebraron su vigésimo quinto aniversario, aportan humor a este asunto. Karen dice: "Nosotros en verdad ya no tenemos muchos desacuerdos. Yo siempre tengo la razón. (Estoy bromeando.) De hecho, yo por lo general digo: 'Oye, estaba pensando en algo, y no estoy segura en qué dirección deberíamos ir al respecto. Piensa en ello uno o dos días y a ver qué se te ocurre.' De esa forma, él por lo general piensa que ha tenido la idea, pero realmente es mía. Es un poco engañoso, pero funciona."

Sabemos que esta pareja no aprueba el engaño, pero ponen a un lado las cosas mientras cada uno piensa en el asunto por separado. Esto parece ser un denominador común entre parejas que han estado felizmente casadas durante más de veinte años. Han decidido que estarán juntos para siempre, así que cada problema no es un asunto de "vida o muerte". No están asustados intentando encontrar una solución, sino que están dispuestos a dedicar algo de tiempo a orar, pensar y masticar el asunto antes de regresar a la mesa y tomar una decisión.

Clay y Jean se casaron muy jóvenes. Una vez les comentamos las pocas veces que la gente que se casa a los dieciocho o diecinueve años de edad siguen casados después de treinta años. Clay dijo: "No es la edad lo que importa, sino el nivel de compromiso." Clay y Jean han demostrado su madurez en las maneras en que han manejado los desacuerdos desde los primeros años de su matrimonio:

- Discuten los desacuerdos en detalle a menos que el tiempo sea un impedimento, y solo toman decisiones cuando ambos están de acuerdo.
- Si el tiempo es un impedimento (y raras veces lo es), Jean lo cede a Clay.
- Oran buscando guía y siguen la Biblia donde es aplicable.
- Se mantienen tranquilos, y ambos se disculpan rápidamente si dicen algo desagradable.
- Se aseguran de que la otra persona haya dicho todo lo que quiere decir sobre un asunto.
- Procuran no interrumpir.

¿Cómo decidirán ustedes?

El punto principal es que cada pareja decida cómo decidirán. Bill y yo decidimos desde el principio en nuestro matrimonio delegar las decisiones según a quién le importaba más el asunto y quién era el más capaz a la hora de manejar la responsabilidad. En las áreas que delegamos, la otra persona cede. Por ejemplo, yo tomo decisiones sobre los devocionales de los chicos, y Bill sigue. ¿Qué autos tenemos: eso es decisión de Bill. Él escucha mi idea básica, pero estoy contenta de no haber tenido nunca que ir a un concesionario de autos.

Para las decisiones realmente importantes y para las decisiones con una gran carga emocional (como mudanzas, cambios de trabajo, decisiones acerca de nuestros hijos y asuntos relacionales), sacamos el tema a discusión. Intentamos no hacer esto cuando estamos enojados por el asunto, sino solo después de haber orado por ello individualmente. No siempre tenemos éxito, pero intentamos primero calmar nuestras emociones. Hablamos, escuchamos al otro, oramos y luego repetimos el proceso una y otra vez hasta que llegamos a un acuerdo. Decidimos intentar siempre hablar sentados, mirándonos el uno al otro, y tomados de las manos (al menos de una), y comenzar y terminar con oración. Hemos descubierto que es menos probable que nos lancemos cosas ¡cuando estamos tomados de las manos! También es menos probable que digamos algo realmente desagradable cuando estamos sentados cerca el uno del otro y tomados de la mano.

No queremos que piense que todas nuestras discusiones son reuniones calmadas, pacíficas y tranquilas. Somos dos comunicadores muy verbales que están acostumbrados a estar en una plataforma, así que muchas de nuestras discusiones han comenzado con un poco de drama. Ambos tenemos personalidades fuertes y dones de comunicación, y provenimos de dos hogares tremendamente disfuncionales. Decidimos desde muy temprano en nuestra relación que necesitábamos hacer un *pacto de conflictos* para que nuestra propensión al drama estuviera bajo control. Estas son nuestras reglas de participación:

1. Revisar el momento. ¿Es este el mejor momento para hablar? Si el problema es personal, emocional o no es para que lo oigan los niños, esperamos y hablamos en privado. Si estamos cansados, puede que comencemos la discusión pero después la aplazamos para otro momento en que estemos más descansados. ¿Alguno de los dos ha tenido un mal día? Esperamos.

2. Revisar la cercanía. Si el problema es realmente importante, nos vamos a algún lugar y pasamos un tiempo juntos reconectando primero. Hablamos después de descansar, hacemos algunas actividades que crean amistad y disfrutamos de tiempos de intimidad.

3. Revisar el tono de voz, el lenguaje corporal y la actitud. ¿Estoy comunicando amor de formas no verbales? Este ha sido un enorme proceso de aprendizaje para mí (Pam), ya que Bill es un hombre muy sensible.

Mi tono de voz le hiere fácilmente. Yo creo que estoy siendo apasionada o franca, pero él interpreta mi conducta como dura y crítica.

Un día, después de decirme que le había lastimado otra vez, dije: "Entonces enséñame. Enséñame cómo quieres que me exprese para poder liberar mis sentimientos y darte la idea que se necesita pero de una forma que no te lastime. Bill, te amo. No quiero herirte cada vez que tenemos un problema del que debemos hablar. Enséñame lo que puedo hacer de otra forma o qué palabras debería usar."

Y lo hizo. Respondió: "Cuando dices: 'Deberías… tienes que… haz…' siento que me faltas al respeto." Entonces, cuando levantaba mi voz o usaba cierta inflexión, él me detenía y decía: "Pam, cuando usas ese tono de voz, me cierro emocionalmente."

Permitir que Bill rediseñe cómo me comunico fue difícil para mí, pero creo que salvó nuestro matrimonio. Creo que pagó grandes dividendos después cuando me convertí en mamá. Mis hijos y yo tenemos ahora una gran comunicación a nivel profundo porque todos hemos aprendido formas saludables de expresar nuestras emociones para que los otros puedan escuchar y recibir. Tuve que dejar a un lado mi orgullo por el bien mayor y el objetivo mayor del amor.

4. Ponerse en contacto con Dios. Cuando tomamos decisiones importantes, comenzamos y terminamos, y a veces nos detenemos en medio, para orar. Si una conversación está tomando un camino destructivo y nos damos cuenta de que estamos haciéndonos daño el uno al otro, a menudo nos detenemos y oramos. A veces también tenemos que hacer un descanso de unos días. Usamos ese tiempo para revisar la Palabra de Dios, pensar en la situación y procesar nuestras propias emociones.

Lo mejor de lo mejor

Pedimos a las parejas que enumerasen los mejores rasgos de sus matrimonios duraderos. Estos son unos cuantos que se repitieron entre los sondeos:

- Nos damos espacio el uno al otro.
- Mantenemos nuestros propios gustos y actividades personales.
- No somos celosos.
- Nos mantenemos unidos.
- Mostramos respeto.
- Confiamos.
- Tenemos un buen sentido del humor.
- Amamos juntos a Dios.
- Queremos que nuestro matrimonio funcione.
- Pasamos tiempo juntos.
- Hablamos las cosas juntos.
- No tomamos decisiones importantes sin el otro.
- Permitimos que haya diferencias.
- Nos animamos el uno al otro.
- Ambos buscamos a Dios a diario, le amamos y buscamos primero su voluntad.

- Sabemos que seremos fieles el uno al otro hasta la muerte.
- Compartimos cualquier cosa el uno con el otro mientras lo hagamos en amor.
- Pensamos en los intereses del otro antes que en los nuestros (este es el fruto del Espíritu Santo).
- Creemos que cada uno tiene en mente el bien del otro.
- Nos comunicamos nuestro amor diariamente.
- No nos preocupamos de cuánto está dando o haciendo el otro por la relación. Nos miramos a nosotros mismos para ver si estamos siendo el tipo de persona que Dios quiere que seamos y que el otro necesita.
- Servimos juntos a Dios.
- Perdonamos.
- Somos amigos.
- Confiamos el uno en el otro.
- Disfrutamos de todos los niveles de intimidad.
- Somos honestos el uno con el otro.
- Practicamos la hospitalidad juntos.
- Somos los mejores amigos.
- Nos contamos todo.
- Nos encanta estar juntos.

Prueben un poco de bondad

Personalmente conocemos a muchas de las parejas que entrevistamos (así que sabemos que tienen relaciones felices), y nos impresiona la manera en que se hablan entre ellos y cómo hablan el uno del otro.

Nos asombró la repetición de la palabra *nosotros* al comienzo de casi cada frase. Cada estudio enumeraba el factor amistad como clave. Los matrimonios más fuertes están hechos de dos personas a quienes les encanta estar juntas. ¡Sencillamente son amables!

Ser bondadoso y decir cosas amables es una destreza que muchas parejas tienen que aprender. Algunas personas se criaron en hogares que no practicaban una amabilidad atenta y asertiva. Algunos padres bienintencionados tan solo estaban ocupados y se olvidaban de afirmar. Solamente la estabilidad no es suficiente. Algunos padres suponen que sus hijos saben que son queridos, pero los padres nunca verbalizan su amor o muestran afirmación física. También, otros padres son malos, hostiles y críticos, así que ser desagradable e insensible es algo normal para sus hijos. Traten de usar algunos de estos términos de ánimo y afirmación para llevar un poco más de bondad a su hogar:

- Es muy agradable tenerte cerca.
- Soy mejor persona contigo a mi lado.
- No me imagino la vida sin ti.
- Estar contigo me hace sonreír.
- Te amo.
- Te valoro.
- Te aprecio.
- Te adoro.
- Creo que eres una de las personas más amorosas (o sensibles, o buenas) que he conocido nunca.
- Somos un buen equipo.
- No hay tiempo suficiente en el día para amarte.
- Eres hermosa (o precioso, atractivo o fuerte).
- Me siento bella (o atractivo) cuando estoy contigo.
- Doy gracias a Dios por ti.

El consejo de un matrimonio a unos recién casados resume este concepto: "¡Sean amables! Si algo no es bonito de decir o hacer, no lo hagan. Ustedes deberían ser la persona más amable posible para su pareja, no solo para los extraños o amigos."

El plan Verizon

Nuestro uso de teléfonos celulares aporta una ilustración de pasos que podemos dar diariamente para aclarar otros tipos de comunicación. Si está en un teléfono celular y tiene una mala conexión, puede que haga una de varias cosas para conseguir una comunicación limpia.

1. Cambiarse de lugar. ¿Alguna vez ha recorrido su casa u oficina, intentando conseguir una señal clara en su teléfono celular y ha dicho: "¿Me oyes ahora?" Del mismo modo, para mantener unas líneas de comunicación relacional limpias, cámbiese de lugar. Deje a un lado su perspectiva y póngase en el lugar del otro. Antes de descargar sus pruebas y traumas sobre su cónyuge, pregunte para ver cómo le ha ido el día. Podría esperar hasta que tenga un momento mejor para sacar un asunto difícil si su jefe no está contento al respecto, si ella tiene problemas interpersonales en el trabajo, o si él está trabajando en un proyecto o caso importante. Un poco de empatía hace mucho. Si usted tiene algo importante y urgente, ofrezca aligerar la carga de su cónyuge con un gesto amable primero: llévele un vaso de té frío, prepárele a ella un baño, u ofrézcase para llevarse a los niños a tomar un helado para darle a él o a ella un poco de tiempo y espacio para reorganizarse.

No diga: "Tengo algo de lo que realmente tengo que hablar contigo", y luego se vaya. Eso podría elevar el nivel de estrés de su cónyuge, ¡y empeorar aún más la situación! En cambio, sea bondadoso y evalúe el nivel de estrés del otro. Si el otro parece relajado, entonces diga: "Cariño, a ver si esta noche en algún momento puedo hablar contigo. ¿Podrías decirme cuándo tienes un minuto para hablar conmigo?" Probablemente oirás: "Claro, ¿te parece bien ahora?" o "¿Qué te parece después de cenar?" o "Después de acostar a los niños". En el peor de los casos, quizá obtenga un "¿Puede esperar hasta mañana?" Si puede, espere. Si realmente no puede esperar, entonces explíqueselo. "Realmente es apremiante, y creo que solo nos llevará diez o veinte minutos hablarlo. ¿Hay algo que podamos cancelar o algo con lo que te pueda ayudar para que podamos tener unos minutos juntos?" Si nada de esto funciona, pruebe esto…

2. Vuelva a llamar. A veces cuando la línea de un celular está llena de interferencias, usted cuelga y vuelve a llamar. Del mismo modo, si intenta hablar y su pareja no le está entendiendo bien o se está enojando o molestando, simplemente ofrezca entendimiento y luego vuelva a decirlo de otra forma. Podría decir: "Cariño, veo que esto te está molestando. Nunca fue esa mi intención. Déjame que te lo diga de otra forma." Luego cambie las palabras. Asegúrense de que sus conversaciones no contienen estos tipos de "interferencias":

Acusaciones. Insultos, etiquetar y palabras malsonantes son inflamables para una conversación, así que elimínelos.

Generalizaciones. Las palabras *siempre* y *nunca* es casi seguro que harán que su pareja se ponga a la defensiva. Tengan cuidado de no usar frases como: "Siempre dices eso" o "Nunca me escuchas". *Nunca* es mucho tiempo, y usar esa palabra es un intento drástico de pulsar botones de culpabilidad y vergüenza en su cónyuge. Los resultados raras veces son positivos.

Racionalizaciones. Estas son excusas. A menudo son refutaciones o intentos de defenderse y no aceptar ninguna parte de responsabilidad por la situación. Este tipo de mentalidad de ojo por ojo llevará a una conversación a un punto muerto. En su lugar, ofrezcan una solución o un sistema para arreglar el asunto. "Cariño, ¿por qué no hablas tú primero y me explicas cómo te sientes y qué crees que está sucediendo aquí? Después te explicaré mi punto de vista, y veremos dónde nos lleva todo esto, ¿te parece?" De esta forma, está usted creando una nueva línea de comunicación.

Llamar al operador. Si su teléfono celular sigue teniendo problemas, usted llama al fabricante o al operador para que le ayude. Si una discusión se está desarrollando, detengan la conversación y pidan ayuda:

- Oren juntos pidiendo sabiduría.
- Llamen a un mentor. Encuentren a alguien mayor y más sabio que haya pasado por esa situación y pueda ofrecer alguna ayuda o consejos.
- Llamen a un profesional. Un pastor o un consejero cristiano puede ofrecer nuevas herramientas o ser un mediador en conversaciones realmente difíciles de manejar.

El secreto de un matrimonio feliz

Un hombre y una mujer llevaban casados más de sesenta años. Lo habían compartido todo, habían hablado de todo, y no tenían secretos entre ellos, salvo que la mujer tenía una caja de zapatos en lo alto de su armario que había advertido a su marido que nunca la abriera ni le preguntase por ella.

Durante años, él nunca pensó en la caja, pero un día, la mujer se puso muy enferma y su doctor dijo que no se recuperaría. Cuando el hombre comenzó a ordenar los asuntos, se acordó de la caja de zapatos y la llevó junto a su esposa que yacía en cama.

Ella estuvo de acuerdo en que había llegado el momento de que él supiera lo que había en la caja. Cuando la abrió, encontró dos muñecas de trapo y un fajo de dinero que ascendía a la cifra de 25.000 dólares.

Él preguntó por su contenido. «Cuando nos íbamos a casar», dijo ella, «mi abuela me dijo que el secreto de un matrimonio feliz era no discutir nunca. Me dijo que si alguna vez me enojaba contigo, debía estar tranquila y hacer una muñeca de trapo».

El anciano se conmovió mucho, tanto que tuvo que contener sus lágrimas. Solo había dos muñecas de trapo en la caja. Ella solo se había enojado con él dos veces en sesenta años de vida y amor. Él casi explota de felicidad.

«Cariño», dijo él, «eso explica lo de las muñecas, pero ¿de qué es todo ese dinero? ¿De dónde lo sacaste?»

«Ah», dijo ella, «ese es el dinero que conseguí vendiendo las muñecas».

4

Decidan pelear limpio

El amor no es envidioso.

Los matrimonios se hacen en el cielo.
Pero allí hay también truenos y relámpagos.

Un esposo y su esposa estaban metidos en una discusión insignificante, y ninguno estaba dispuesto a admitir que podía estar equivocado.

«Admitiré que estoy equivocada», le dijo la mujer a su esposo en un intento de reconciliación, «si tú admites que tengo razón».

Él accedió, y como un caballero, insistió en que ella fuese primera.

«Me equivoqué», dijo ella.

Con un guiño de ojos, él respondió: «¡Tienes razón!»

¡Admitir que estamos equivocados y que nuestro cónyuge podría tener razón puede ser increíblemente difícil!

Un hombre y su esposa se enzarzaron en una discusión acerca de la exención de la casa que había en su declaración de impuestos estatal. Él pensaba que la había tomado, pero ella pensaba que no. El hombre llamó a la oficina de su asesor de impuestos y le contó la historia. Una joven dijo que lo revisaría con mucho gusto, y enseguida le informó de que no había tomado dicha exención.

«¿Le gustaría que le enviase la hoja a su oficina», preguntó ella, «para que su esposa nunca se entere de que ella tenía razón?»

Ya sea que estén edificando un matrimonio o remodelando una casa, es seguro que surgirán conflictos. Son tan comunes que hay páginas web dedicadas por completo a hacer chistes cortos acerca de los conflictos en el matrimonio:

- La manera más eficaz de acordarte del cumpleaños de tu esposa es que se te olvide una vez.
- Mi esposa me dijo que nunca la escuchaba... al menos creo que eso fue lo que dijo.
- Tengo todo el control, pero no se lo diga a mi esposa.
- Me casé con mi esposa por sus miradas, aunque no son muy parecidas a las que me echa ahora.
- Mi marido me compró un anillo de humor el otro día. Cuando estoy de buen humor se pone verde. *Cuando estoy de mal humor, deja una marca roja en su frente.

En lugar de descender hasta el denominador común más bajo que solo dará como resultado una espiral descendente, negativa y degenerativa, decidan pelear limpio. Busquen maneras equitativas de negociar los desacuerdos.

¿Por qué este conflicto?

¿Cómo pueden pasar las parejas del éxtasis del día de su boda a un caos y conflicto absolutos? Las parejas casadas experimentan momentos de discordia y frustración el uno con el otro al menos por tres razones.

¡La primera razón es que se aman! Su decisión de actuar en base a su amor y comprometer su vida con la otra persona tiene un impacto asombroso en su vida. Como se enamoró, su cónyuge tiene una gran influencia sobre su bienestar emocional. Hablando por los hombres, yo (Bill) odio admitir que todo lo que Pam dice y hace me afecta. ¡No es justo! Cuando flirtea conmigo, me halaga y me toca de maneras que me animan, mi nivel de energía se dispara, mi carga en la vida se aligera y soy mucho más amigable. Cuando, por el contrario, está decepcionada conmigo, me critica o me ignora, me vuelvo cohibido e ineficaz. Nadie más tiene ese mismo nivel de influencia sobre mi corazón. Ella tiene la capacidad de hacerme sentir al instante más fuerte o más débil. Con una sola frase, ella puede inspirarme a trabajar más o hacerme sentir un debilucho. Puede elevar o disminuir drásticamente mi nivel de confianza con muy poco esfuerzo. Esto puede ser problemático. Me digo a mí mismo que ella no debería ser capaz de manipularme con tanta facilidad, pero no he encontrado una forma de resistirlo. Me digo que tengo que ser más fuerte, pero mi determinación se evapora en cuanto la veo. Cuando estoy con mis amigos, tengo una visión clara de los límites y el equilibrio, pero cuando estoy con Pam, la respuesta es siempre sí. ¡A menudo he orado para que Pam nunca entienda realmente el poder que tiene sobre mí!

Cuando yo (Pam) hablo en público, recibo una verdadera recarga de la buena respuesta de la audiencia. Los aplausos me dan la confianza en que hice lo que tenía que hacer. Pero si entro en nuestra casa y decepciono a mi familia, el gozo del evento se desvanece al instante. Si alguna de mis decisiones ha causado dolor a Bill o a mi familia, mi mundo se sacude. Ninguna opinión en la tierra me importa más que la de mi precioso marido, que ha dado de su tiempo vez tras vez para mi bien y para los mejores intereses de mi familia.

Cuando esta influencia es positiva y saludable, es algo increíble. Los hombres han conquistado reinos malvados por el amor de una mujer. Las mujeres han sacrificado la comodidad y la ambición personal por el amor de un hombre. Las parejas han vencido situaciones abrumadoras para construir una vida juntos por la profundidad del vínculo que comparten.

Cuando esta influencia es positiva, uno se ve animado fácilmente, vigorizado y motivado por su cónyuge. Cuando esta influencia es negativa, sin embargo, produce conflicto. Todo lo que su cónyuge hace influencia la vida de usted, por eso las cosas negativas pueden frustrarle, asustarle, inmovilizarle o desanimarle. Su cónyuge puede provocar reacciones negativas en usted como ninguna otra persona. Usted puede frustrarse más, enojarse más y molestarse más con su cónyuge que con ninguna otra persona.

Lo que me encanta de ti me irrita

Una segunda razón por la que experimentarán conflicto es que lo que más le gusta de su cónyuge es lo que más le irritará. La persona con la que se casó es tanto fascinante como imperfecta. Las buenas cualidades de su cónyuge captaron su atención y les juntaron antes de casarse. Son una parte significativa de por qué decidió que podría vivir con esa persona. Pero cada buena cualidad tiene un lado oscuro que quizá le desquicie. Tenderá a verlo como un defecto, pero en realidad es el mismo rasgo que enciende su corazón y completa su vida.

Deje que yo (Bill) lo ilustre con nuestra relación. Uno de los rasgos que más me gusta de Pam es su confianza. Tiene opiniones fuertes, y siempre sé cuál es su postura en diversos asuntos porque regularmente da a conocer sus convicciones. Es una mujer fascinante para hablar con ella porque no tiene miedo a las nuevas oportunidades. Viaja mucho y conoce a muchas personas nuevas. Por este motivo, constantemente tiene nuevas historias que compartir conmigo y con los niños. Si ella tuviera miedo a aventurarse en esas nuevas arenas, mi vida no sería tan interesante.

Pero esta confianza no siempre ha sido agradable. Pam tiene la costumbre de tomar decisiones por todos los miembros de la familia, porque tiene mucha confianza. Supone que todos queremos hacer lo que ella ha planeado. Esto, por lo general, es cierto porque su corazón está enfocado en hacer el bien; pero a veces nos gustaría que al menos nos preguntase primero.

Un día le dije a Pam que quería montar un escritorio en casa para poder trabajar mejor. No teníamos espacio para otra oficina, así que yo iba a buscar una solución que pudiéramos discutir. Mientras estaba de viaje con los niños, Pam compró un escritorio que se convierte en un mueble del salón. ¡Incluso lo montó ella misma! Yo ciertamente aprecié sus esfuerzos, pero no era el estilo de escritorio que yo hubiera elegido, y tuve que rehacer el montaje. No podía decir nada porque Pam lo había hecho como un acto de servicio para mí.

Una de las cosas que yo (Pam) aprecio más de Bill es su sentido de la organización. Mantiene nuestra economía en orden y maneja las actividades rutinarias de nuestra casa. Es fácil comprarle cosas porque siempre le gustan las mismas cosas. Su sentido del orden a veces me desquicia, no obstante. Yo viajo más a menudo que él, así que con frecuencia él limpia la casa mientras estoy fuera. No hablo de limpiar las ventanas y aspirar las alfombras, ¡sino que hablo de organizar nuestras cosas y tirar lo que no sirve! Admito que a mí me gusta archivar en montones. Sé que eso frustra a Bill, pero siempre puedo encontrar lo que busco. Guardo cosas que sé que algún día usaré. Bill lo ve y le parece una colección inútil de papeles o revistas, y va a la basura, ¡sin preguntarme! No puedo decir cuántas veces he llegado a casa de un viaje y me he encontrado que me faltaban recursos. ¿Por qué no puede dejar mis cosas tranquilas?

A ambos nos gustaría deshacernos de las partes oscuras de lo que nos gusta del otro, pero sabemos que están indisolublemente conectadas a las partes brillantes. Deshacernos de la parte que no nos gusta conllevaría deshacernos del rasgo por completo. Yo (Bill) no quiero que Pam pierda su confianza, y yo (Pam) no quiero que Bill comience a vivir descuidadamente. ¡Tan solo nos gustaría que la vida fuera menos complicada!

Su cónyuge sin duda alguna le inspira y le irrita a la vez. Quizá tenga un compañero muy preciso que lleva muy bien la contabilidad con mucha eficiencia, pero es tan rígido que usted se siente limitada. Quizá su cónyuge sea tan adepto socialmente que usted siente que pasa más tiempo con otros que con usted. Cada buen rasgo tiene un lado frustrante porque todos somos imperfectos. Como resultado, yo (Bill) a menudo empiezo conversaciones con Pam con la siguiente frase: "Pam, algo que me encanta de ti me está irritando, y tengo que redescubrirlo. ¿Me ayudas?"

Su humanidad está apareciendo

Una tercera razón por la que experimentarán conflicto es que ¡son humanos!

Usted nació con una naturaleza corrompida, al igual que su cónyuge. Como resultado, usted tiende a ser egoísta, orgulloso y controlador. Su relación se deteriorará a menos que invierta energía en ella de manera deliberada, humilde y enfocada. La Biblia es muy clara en que todos trabajamos partiendo de un déficit en nuestra búsqueda de buenas relaciones:

> ¿A qué conclusión llegamos? ¿Acaso los judíos somos mejores? ¡De ninguna manera!... «No hay un solo justo, ni siquiera uno; no hay nadie que entienda... No hay nadie que haga lo bueno; ¡no hay uno solo!»... dejan ruina y miseria en sus caminos, y no conocen la senda de la paz» (Romanos 3:9-17).

Todo aquel que se ha construido una casa ha aprendido a vencer obstáculos: problemas con el terreno, problemas con la madera, problemas con los obreros, problemas con el presupuesto. En cada paso, los desafíos se deben vencer si se quiere terminar el proyecto. Yo (Bill) aprendí esta lección cuando construimos nuestra casa en San Marcos.

Pensé que sabía cómo diseñar una casa, pero no tenía experiencia con el tipo de terreno sobre el que está nuestra casa. Este es el terreno más notable que jamás he visto. Cuando se moja, se hincha. Llena todo hueco y rendija a su alrededor y se convierte en una sustancia pegajosa que se adhiere a los pies, las palas y las aceras. Tenía que hacer una zanja en ese terreno cuando estaba mojado, y literalmente tenía que rascar el barro de la pala con un cuchillo puntiagudo para progresar. Cuando el suelo se seca, se encoge, causando que se formen grietas por todo el jardín. También se pone tan duro como el cemento. Es casi imposible romperlo, y en su mejor estado forma el equivalente a rocas de arcilla. ¡Es lo más raro que jamás he visto!

Tenía direcciones explícitas del ingeniero, mostrándome cómo diseñar la losa de cemento para que resistiera la expansión y contracción del barro. Seguí esas instrucciones al pie de la letra y no tuve problemas con la casa en sí; pero no tenía instrucción alguna de cómo verter el cemento para el porche delantero. Nunca me imaginé que lo que ocurrió pudiera suceder. En el transcurso de cuatro años, mi porche avanzó hacia la calle. Cada año el terreno se hincha y se encoje. Sorprendentemente, el porche se alejó de la casa tanto que podía poner mi puño entre la casa y el porche. ¡Los postes estaban visiblemente inclinados! Para resolver el problema, tuve que desmontar el porche, hacer agujeros en los cimientos de la casa, reforzar con varillas y resina epoxi los cimientos, e instalar un porche nuevo. ¡Fue mucho más difícil rehacerlo que haberlo hecho bien la primera vez!

Pero no lo hice bien la primera vez porque aunque el terreno mismo tendía a dar problemas, ¡yo era demasiado ignorante y orgulloso como para pedir ayuda!

Tan difícil como resulta decirlo, así es como la mayoría de personas abordan sus relaciones. La relación tiende a las dificultades, pero ignoramos lo que hace que la relación funcione y somos demasiado orgullosos para buscar una buena ayuda. El resultado final es conflicto, discusiones y dolor emocional. Clayton Tucker-Ladd, autor de *Psychological Self-Help,* tiene algunas cosas interesantes que decir acerca de esta tendencia que tienen los matrimonios a los problemas. Él señala que "David Olson de la Universidad de Minnesota, que ha estudiado a más de 15.000 parejas casadas, recientemente dijo que el cincuenta por ciento de los matrimonios nunca serán felices, a menos que consigan raramente una buena terapia". También destaca que "solo alrededor de un veinticinco por ciento de las parejas tienen 'realmente un buen matrimonio'".[1]

Incluso cuando intentamos expresar amor, nuestra humanidad y falibilidad se interponen en nuestro camino. En *Romancing Your Husband,* Debra White Smith comparte uno de sus momentos que requirió gracia:

Nunca tuve intención de hacer daño a nadie. De verdad. Simplemente quería mimarme un poquito, así que puse una buena cantidad de aceite de bebé en mi baño caliente y me tumbé para disfrutar del momento.

Cuando se terminó mi “momento”, vacié la gran bañera de fibra de vidrio, me sequé y comencé los preparativos para acostarme. Mi querido y desprevenido esposo, con constitución de jugador de fútbol, se metió a la bañera de un saltito y cerró la cortina de la ducha. Entonces comenzó a ocurrir la cosa más extraña. Digo “comenzó a ocurrir” porque el evento fue algo que debería haber sucedido en un segundo en lugar de haberse prolongado mucho, mucho tiempo. Lo primero que oí fue un duro batacazo. Después un bum-bum-pon-pin-plaff. Después, alguna parte no identificada del cuerpo, algo parecido a una mano, o un codo, o un pie, cerró de un golpe la cortina azul de la ducha. Se hinchó por fuera como un champiñón. Más batacazos. Un desplome. Unos cuantos golpecitos. Y otra parte del cuerpo asaltó la cortina de la ducha. Un rodar. Un retumbe. Los sonidos de los botes de champú cayéndose a la bañera. Después, silencio. El pobre Daniel no dijo absolutamente nada durante toda la dura experiencia.

Antes del batacazo inicial, había estado a punto de lavarme los dientes. Bueno, digamos que esa pequeña tarea fue pospuesta. Yo estaba de pie inmóvil delante de la bañera, sin saber si reírme, llorar, ¡o correr! Tenía una fuerte tendencia a la risa. Así que consideré seriamente reírme.

Oí al querido Daniel intentando ponerse en pie. En ese momento, aún no había dicho ni una palabra. Después, apartó la cortina de la ducha y me miró fijamente. Los ojos de Daniel tienen un tono verdoso normalmente. Sin embargo, se parecían mucho a los ojos de un dragón en una pesadilla, extraños y brillantes como los de un monstruo. Lo único que me distrajo de sus brillantes órbitas fue la marca redonda y brillante del tamaño de una moneda de plata de dos dólares en su enrojecida mejilla. El aceite de bebé, por supuesto.

Como la mirada fija de ira continuaba, me obligué a mantener mi rostro impasible. Detecté enseguida que la risa en ese momento podría ser fatal. Finalmente, Daniel tiró de la cortina de la ducha para ponerla de nuevo en su sitio. Aún intentando reprimir la risa, me mordí los labios hasta que me dolían.

Mi marido abrió la ducha. El agua caliente debió de lavar su furia, porque enseguida oí una risita ahogada, un intento de sofocar la risa y luego una risa rotunda. Al ver que ya no había peligro, di rienda suelta a mi diversión.

Solo cuando se terminó su ducha y ambos estábamos débiles de la risa, fue cuando me enteré de la “historia interna”.

«No podía dejar de caerme», dijo él. «Todo lo que tocaba estaba resbaladizo. Pensaba que ya iba a parar y entonces me escurría de un lado a otro de la bañera.» Hizo una pausa para reírse disimuladamente. «Ha sido como si yo fuera una foca o algo así.»

> Por fortuna, una grieta en la bañera fue el único daño duradero. (¿Debo mencionar que he dejado de añadir aceite de bebé a mi baño hasta la fecha?)
>
> Una de las cosas que ha mantenido fuerte nuestro matrimonio es nuestra disposición a reírnos de nuestros fallos y errores e incluso los momentos en que accidentalmente nos hemos lastimado el uno al otro. Mi esposo y yo somos polos opuestos. Podríamos pasarnos todo el matrimonio criticándonos el uno al otro por nuestras diferencias. En su lugar, a menudo nos reímos el uno del otro. Eso mantiene el matrimonio vibrante y vivo. No hay malos sentimientos por nuestras singularidades e idiosincrasias, solo un gozo fresco.[2]

Este es el poder de la gracia: ese regalo que da una persona a otra por amor. Gracia y un buen sentido del humor hacen mucho a la hora de mantener viva la llama del amor año tras año.

Termine bien

A veces enfocamos nuestros matrimonios como un niño que se enoja y desahoga sus sentimientos sobre sus juguetes favoritos. Afirmamos amarnos. Entretejemos nuestras vidas. Dedicamos nuestro corazón al otro, y luego desahogamos nuestras frustraciones sobre el otro. Esto no tiene sentido, pero es la experiencia común de hombres y mujeres.

¿Cómo pueden resolver los conflictos los matrimonios?

El primer paso es comprometerse el uno con el otro a terminar cada discusión. La mayoría de la gente piensa que una discusión se acaba cuando han resuelto el asunto que tenían a la mano. Eso raras veces es así. El verdadero objetivo de la discusión es restablecer una atmósfera de apoyo en la relación. Usted puede resolver algunos de los problemas en su vida, pero otros nunca tendrán una solución satisfactoria. Por ejemplo, conocemos a amigos que tienen niños con necesidades especiales. Estos niños son una tensión constante en la relación matrimonial, y nunca mejorarán. Para ellos, el problema no se irá en cualquier momento. Si quieren "resolver el problema", estarán frustrados para siempre. Por el contrario, si el objetivo es establecer una atmósfera de apoyo, sus discusiones pueden funcionarles continuamente.

Escojan su estilo

El segundo paso es escoger su estilo de conflicto. Muchas personas creen que un matrimonio feliz es aquel en el que la casa está en paz, con pocas discusiones o desacuerdos. Esto suena bien al principio, pero no es realista. La verdad es que las parejas descubren relaciones estables de varias formas. Las relaciones encajan en ciertas categorías con respecto a la resolución de conflictos.

Negociadores

Estas son las parejas a quienes les gusta hacer tormenta de ideas. Buscan nuevas formas de resolver los problemas. Les gusta explorar opciones, preguntar la opinión a otras personas y leer libros y revistas que hablen de su situación. Descubrir formas distintas de abordar los problemas les da una sensación de seguridad. Cuando tienen soluciones entre donde escoger, se sienten seguros de poder escoger la mejor opción disponible. Estas personas resuelven los problemas de manera metódica, y a menudo ponen las disensiones a un lado hasta que son capaces de recabar más información. Bret y Erin son buenos ejemplos de negociadores. "Miramos una situación y la categorizamos. ¿Es un problema espiritual, un problema de crianza de los hijos, una preferencia personal, o una fuerte opinión? Desactivamos el potencialmente explosivo elemento del tiempo. Estamos comprometidos el uno con el otro de por vida.

Por lo tanto, si el problema nos lleva un día, una semana, un mes o un año arreglarlo, podemos esperar. Nos preguntamos: '¿Es esto un lugar donde morir?' Algunos asuntos lo son, pero otros no. Solo vale la pena morir por los asuntos morales y bíblicos, todo lo demás son tan solo desacuerdos. A veces solo escogemos estar de acuerdo en no estar de acuerdo. A mí (Erin) no me gusta la música de Willie Nelson, pero le compré a Bret uno de sus CD porque a él le encanta.

"No tenemos garantía de un mañana, así que si es posible de alguna manera, transigimos. Ceda su derecho a llevar razón todo el tiempo. Resuelva el asunto, ¡y vaya a la construcción! Es mejor alejarse más enamorado que lamentar el enojo de usted si el mañana no llega para ambos.

"Hemos tenido dos etapas de dificultades. Una fue después de la llegada de los niños. Bret tuvo que renunciar a su sueño de ser ranchero para trabajar en un empleo estable en los campos petrolíferos de Bakersfield, algo que juró que nunca haría. Yo (Erin) lo manejé dándome cuenta primero de que esa no era tanto una crisis de carrera como una crisis espiritual. Yo (Bret) sentí que Dios me había decepcionado y que Él me estaba pidiendo demasiado (renunciar a mi sueño)."

Erin explica: "A Bret no le caía muy bien Dios durante ese tiempo, y eso se extendió a las demás relaciones de su vida, especialmente la nuestra. Yo escuchaba los consejos sabios de mi mamá y mi cuñada, y comencé a orar por Bret en vez de intentar hacer de Espíritu Santo. Le pedía a Dios que hablara a su corazón con afirmación y amor. Le pedía a Dios que le diera a Bret una idea de los planes que Dios tenía para él. Le rogaba a Dios que confirmara los deseos del corazón de Bret, aunque tuviera de dejarlos por un tiempo. También oraba para que Dios bendijera a Bret con un éxito increíble en su nuevo trabajo. Creía que eso ayudaría a su ego y le haría sentir que no era un fracasado. Y yo amaba a Bret, a pesar de su mal humor. Intenté escucharle y darle su espacio para crecer espiritualmente mediante la manera que mejor funcionara para él. Intenté no dictar lo que yo pensaba que debía hacer para acercarse más a Dios. Dios respondió cada una de estas oraciones.

"Fueron necesarios unos cinco años, pero Dios fue fiel con nosotros, y ahora podemos hablar de ese tiempo en nuestras vidas como un ejemplo para la clase de escuela dominical que enseña Bret, ¡y es un maestro maravilloso! Los hombres ven que Bret habla desde su corazón y su experiencia. Eso les hace sentirse seguros para mirar en sus propios corazones y mirar sus propias experiencias y aprender.

"La segunda etapa de dificultades fue más reciente. Esta vez yo (Erin) era la que tenía que aprender una lección. Entré en el periodo del que hablan Pam y Bill cuando una mujer quiere salvar el mundo. Había arreglado al bebé, al otro niño y las cosas de la casa. Todos los niños estaban en la escuela la mayor parte del día. Las tareas de la casa solo me llevaban unas horas a la semana, y me preguntaba si eso era todo en lo que consistía mi vida."

Bret dice: "Erin comenzó a pasar cada vez más tiempo trabajando en la iglesia y en otros proyectos relacionados con el ministerio. Eso comenzó lentamente, aceptando más responsabilidad en el departamento de música, ayudando al pastor con algo, participando en el consejo ministerial, enseñando teatro en la iglesia. Enseguida las responsabilidades ocupaban no solo su tiempo durante el día sino también cuatro noches por semana.

Enseguida estaba en una montaña rusa de 'cosas buenas' y estaba descuidando nuestra relación. Ella admitió después que se estaba aprovechando de mi amor incondicional hacia ella. Yo intenté decirle pacientemente que todo eso me estaba matando, pero ella pensaba que estaba marcando una diferencia, impactando vidas de personas por la eternidad. ¡Se estaba dejando engañar por la falsa conclusión de que nadie más estaba dispuesto a hacer esos trabajos!"

Erin continúa: "No fue hasta que Bret se despertó a las tres de la mañana con síntomas de un ataque al corazón cuando fui capaz de detener la montaña rusa en la que estaba. Ese día me di cuenta de que todas las demás cosas tendrían que hacerse sin mí porque yo no podría hacerlo sin Bret.

"Este ha sido un enorme tiempo de crecimiento para mí espiritualmente. He aprendido que mi primer llamado era y es ser la compañera de Bret en cada área de su vida. Al hacerlo, he experimentado más gozo, realización y contentamiento del que jamás pensé que fuera posible. Gracia significa que puedo servir a Dios cuando siento su llamado, no cuando los demás necesitan mi ayuda. Dios se agradará de mí de cualquier modo. Estoy llamada a establecer un ejemplo para mis hijas de cómo estar en una relación de amor, duradera y fiel (con mi tiempo, atención, pensamientos y cuerpo) con Bret. Quiero que ellas tengan esa imagen en su corazón cuando se casen. Estos dos 'llamados' es lo único que las Escrituras me dicen que haga. Todo lo demás se logra según el llamado conjunto que Bret y yo compartimos. Si Bret no está de acuerdo, no lo hacemos. Somos guiados por el Espíritu Santo, que trae unidad. Si una decisión ministerial no se aborda con unidad, entonces no es para mí. Quiero estar delante de Dios y oírle decir que ayudé fielmente al hombre que Dios escogió y diseñó para mí. Al hacerlo, le he agradado a Él y les he dado a los demás un cuadro completo de lo que Dios quiso que fuera el matrimonio."

Polemistas

Estas parejas son ruidosas y les encanta discutir. Desde fuera, parecen polémicos y descontrolados. La gente se sorprende de que estas parejas incluso se quieran. Discuten apasionadamente, ¡pero saben cómo reconciliarse apasionadamente!

Peter y Carrie son este tipo de pareja. Ambos son extrovertidos, personas orientadas a las tareas. Ambos son líderes naturales y les gusta estar al mando. Raramente dos personas con esta personalidad se casarán porque ambos quieren liderar la mayor parte del tiempo. Ambos tienen opiniones acerca de todo. Tienen tendencia natural a pensar que la vida es mejor para todos cuando todos los demás están de acuerdo con ellos. Los introvertidos tienden a interpretar sus acciones como orgullosas y tercas. En realidad, ellos solo quieren algo de control de las decisiones que afectan a sus vidas. Cuando no tienen voz en las decisiones, se sienten descontrolados.

Como resultado, están dispuestos a hablar las cosas hasta que ambos tienen algo que decir en lo que va a suceder. Pueden tener discusiones que pocas relaciones pueden manejar.

Peter y Carrie estaban en una de esas discusiones una noche. Estaban intentando decidir qué estudios terminarían primero, si los de ella o los de él. Se casaron a los veintitantos y ambos habían terminado parcialmente su educación universitaria. Solo tenían dinero para pagar una carrera, así que surgió una discusión. A ambos les preocupaba que el otro no pudiera terminar nunca.

«Lo sé, pero tú no vas a dar a luz a nuestros hijos. Si no me gradúo antes de quedarme embarazada, nunca terminaré», respondió Carrie con firmeza.

«Siempre podrás volver a estudiar cuando los niños estén en la escuela», le contestó Peter, decidido ante el absorbente tono de voz de Carrie.

«¡Tú sabes que a mi reloj le queda poco tiempo!», dijo Carrie.

«¿Tu reloj? ¿De qué estamos hablando?», preguntó Peter con una obvia frustración en su voz.

«¡Mi reloj biológico! Sabes que solo tengo cierto margen para tener hijos.»

«Ya lo sé, pero tu reloj no se va a detener mañana. ¿No crees que estás reaccionando desmedidamente?»

«¿Desmedidamente? ¿Quieres verme reaccionar desmedidamente?»

Con eso, Carrie cerró de un portazo y se subió en su auto. Peter la siguió, y continuaron con la discusión hasta llegar al auto. Lo resolvieron parcialmente delante de su casa y luego lo meditaron cada uno durante otra hora. Muchas parejas hubieran resultado lastimadas por una interacción como esta. Cuando Peter y Carrie terminaron de discutir, se dieron un abrazo y se llevaron bien durante el resto de la semana. ¡Cuando hablan de esa noche ahora se ríen!

Pacificadores

Estas parejas han descubierto cómo estar de acuerdo en no estar de acuerdo. No discuten mucho, pero tampoco ignoran los problemas. Fácilmente hacen deferencia mutua. Estas parejas parecen estar naturalmente contentas a ojos de los demás. Kim e Yvonne son este tipo de pareja. Escuche mientras describen la simplicidad de su vida juntos:

"Yo (Ivonne) no pienso que hayamos tenido alguna etapa particularmente difícil. Hemos tenido problemas económicos, y eso siempre es difícil. La muerte de los padres y graves enfermedades han sido problemas a tratar, pero creo que siempre nos las arreglamos para acordarnos de que estas cosas solo son temporales. Después las cosas siempre mejoran. Dios está siempre en control de estas situaciones, y solo tenemos que recordar eso."

Equipo de teatro

Estas parejas son muy intensas respecto a la vida y el perdón. ¡Quieren que todo esté sobre la mesa! Quieren conocer los detalles y hablar de todo. Han aceptado agresivamente que la vida es imperfecta, y esperan eso del otro. Se perdonan regularmente y se arrepienten de sus errores en una búsqueda de la excelencia. Stephanie describe cómo este proceso ha funcionado para ella y su esposo, Bruce:

"Creo que aún estamos trabajando en ello. Me cuesta controlar mis emociones, puedo volverme muy franca y calentarme. Ambos nos ponemos aún a la defensiva, así que tenemos que seguir en ello hasta que se nos pase toda esta inmadurez. En medio de esto, sin embargo, siempre escuchamos al otro. Creo que cuando ambos hemos sido oídos, estamos dispuesto a adaptarnos a la otra persona. En la mayoría de las cosas, yo llego al punto en que acepto la decisión de Bruce, ya que es el líder y cabeza de la familia. Si sé que me ha oído y toma en cuenta mi opinión, respeto su decisión.

"Creo que manejar las decepciones ha sido más difícil para nosotros que manejar los desacuerdos. Intentar quedarme embarazada durante doce años fue muy difícil para nuestro matrimonio. Al principio lo manejamos de modo muy distinto. Yo era más emocional y Bruce más analítico. Nos frustrábamos el uno con el otro. Yo le quería y necesitaba que fuera emocional, que llorase conmigo, que gritase conmigo. Lo que nos ayudó a los dos fue ir a la Palabra de Dios. Fue nuestro estabilizador. Veíamos cómo

Dios trabajaba en varias situaciones. Estudiamos las promesas de Dios. Vimos las diferencias entre las acciones de Dios bajo el Antiguo Testamento y el Nuevo Testamento. Nos ayudó a ambos a tener una mayor perspectiva. Comenzamos a hacer preguntas más productivas: '¿Qué está haciendo Dios aquí? ¿Cuál es su propósito con todo esto? ¿Cómo querrá usarnos como una pareja sin hijos?' Eso hizo que dirigiésemos nuestra atención hacia Él, ¡y no tanto hacia nosotros!

"La etapa más estresante de nuestra vida, sin embargo, fue cuando Bruce estaba aconsejando y visitando a una señora que había intentado suicidarse dos veces. Ella no era miembro de la iglesia pero nos había visitado a menudo con una amiga (que fue quien le pidió a Bruce que hablara con ella). Yo no supe quién era, aún no lo sé, pero cuando ella comenzó a llamarle a casa solicitando su ayuda inmediata, me preocupé. Él se puso a la defensiva, y yo me preocupé más, hasta que le pregunté: '¿Piensas en ella durante el día?' Él no respondió; era una señal delatadora.

"Yo reaccioné, al principio con calma. Me levanté de la cama, fui a la habitación de invitados, y cerré la puerta con cerrojo. Él llamaba y llamaba. Nunca habíamos pasado la noche en habitaciones distintas, e intentamos que el sol no se pusiera sobre nuestro enojo.

"Finalmente abrí la puerta. Me sentí herida y traicionada. Sabía que no había cruzado la línea con ella, pero solo el hecho de que pensara en ella me hacía volverme loca. Terminamos pasando la mayoría de la noche sentados en el piso, hablando acerca de por qué nos habíamos sentido atraídos el uno al otro la primera vez, por qué creíamos que Dios nos había unido, y por qué deberíamos estar juntos. Fue clave para nosotros. No nos ha ocurrido nada igual desde entonces, y ambos somos muy protectores cuando él está en presencia de otras mujeres. Hemos puesto límites para ambos, como no estar solos con personas del sexo opuesto, no abrazos frontales, ese tipo de cosas."

Supervivientes

Estas parejas quizá no tengan grandes habilidades, pero siempre terminan juntos. Puede que tengan un bagaje emocional del pasado, o uno de ellos quizá está abrumado por las demandas de la vida. Probablemente abordan sus conflictos de formas distintas, y uno de ellos quizá trabaja más que el otro para resolverlo. Siguen casados por su firme determinación a seguir casados. Tienen periodos frecuentes en que no disfrutan de su relación, pero siguen encontrando formas de redescubrir su amor. Escucha a David y Susan al describir su viaje de supervivencia:

"Decidimos involucrarnos en un grupo espiritual dondequiera que estuviésemos. Decidimos hacer cosas juntos. Esperamos unos años antes de tener hijos para poder tener tiempo juntos. Cada uno puso de su parte para ayudar al otro a desarrollar su carrera. Nuestras mejores cualidades son que nos mantenemos juntos, nos respetamos, y confiamos el uno en el otro.

"Yo (Susan) intento que hablemos cuando surgen desacuerdos. David sucumbe y guarda rencor. Hemos aprendido con la consejería a manejar nuestros desacuerdos más eficazmente. Yo tengo que ser paciente y esperar el momento indicado para hablar las cosas, y David tiene que prepararse para tratar los desacuerdos. Al enfocarnos en edificarnos el uno al otro de manera más regular, los desacuerdos no son tan amenazantes como solían ser.

"Una fe común es algo muy importante, pero ha sido difícil para nosotros. Si uno confía en su fe para fortalecerse y el otro no tiene de dónde extraer esa fuerza, la relación se puede desequilibrar y llegar a convertirse en una carga. Por nosotros mismos nos secamos, pero con Dios podemos ser renovados diariamente.

"Ahora es el periodo más difícil para nosotros. Las actividades de los niños nos daban algo en común. Con los hijos ahora con diecisiete y veinte años, tenemos que tratar con nosotros sin ellos. Estamos descubriendo que ya no tenemos mucho en común. Las decepciones con algunas decisiones que los niños han tomado nos hacen sentir que hemos fracasado a menos que reclamemos las promesas de Dios. Esta es una prueba real de fe y del carácter. Hemos ido a consejería, y acabamos de ir a un seminario de matrimonios. Hemos tenido que trabajar mucho para escuchar las necesidades del otro y tomar la decisión de hacer de esto una prioridad. David incluso ha accedido a orar conmigo de vez en cuando. Aprecio mucho eso y le doy espacio para que lo haga calladamente.

"La adolescencia de nuestros hijos fue un tiempo muy difícil que podía haber roto nuestro matrimonio. Todavía no lo hemos dejado atrás. David entró en depresión y tomaba medicamentos para cubrir su dolor, y yo seguía involucrándome en actividades y en las vidas de otros para cubrir mi dolor. La brecha entre nosotros cada vez era mayor. Hemos sobrevivido finalmente recibiendo ayuda."

Siervos

Estas parejas identifican quién es el más afectado por el estrés de sus vidas, y el otro cónyuge se compromete a servir. Durante la lucha, las expectativas son bajas y los sacrificios son altos. Las luchas se aceptan como parte de la vida, y nunca se le reprochan al otro.

Don y Lisa son buenos ejemplos de personas que resuelven sus luchas sirviéndose el uno al otro. Pasaron por un tiempo especialmente difícil después del nacimiento de cada uno de sus dos hijos. Lisa tenía largos periodos de ansiedad y depresión. Después de uno de los nacimientos, incluso tuvo pensamientos suicidas. Don aceptó que su papel era ser un siervo de apoyo para Lisa durante este tiempo. Reunió a su familia y amigos cercanos para que orasen por ella. Su llevadera personalidad tuvo una calmada influencia sobre Lisa mientras él manejaba la tormenta.

Así es como también nosotros funcionamos por lo general como pareja. Cuando estamos en una discusión, ninguno de los dos es bueno en seguir enojado. Ambos nos acercamos al otro y ponemos de nuestra parte para servir o sacrificarnos para crear un plan de conexión. Cuando hay un desacuerdo o tensión, sabemos que la otra persona probablemente está orando por el otro y por sí mismo, y pidiéndole a Dios una solución. Ambos nos disculpamos sin reparos. A veces tardamos semanas o incluso meses en discernir las soluciones a los problemas, pero ambos seguimos haciendo nuestro mejor esfuerzo por acercarnos al otro. Uno de nosotros a menudo dice: "Prefiero estar estresado contigo que vivir con cualquier otra persona en el mundo." A menudo añadimos esperanza diciendo: "Solucionaremos esto. Dios nos mostrará cómo amarnos el uno al otro en todo esto." Quizá tenemos chispas y drama en el inicio, especialmente de Pam, la autoproclamada reina de la recuperación del drama, y Bill quizá inicialmente se aparta en un esfuerzo por crear alguna paz superficial. Pero ninguno podemos encendernos o retirarnos durante mucho tiempo. Nuestro estilo es dar pasos concretos hasta que nos volvemos a sentir enamorados. Después podemos continuar pensando en el problema.

Realmente no importa

Los estudios han demostrado claramente que las parejas que siguen alguno de estos estilos pueden resolver eficazmente los conflictos. Algunos de estos estilos no le resultarán atractivos, pero cualquiera de ellos puede funcionar. La clave para su eficacia es la capacidad de ustedes como pareja de estar de acuerdo en la forma en que quieren abordar el conflicto. La discordia viene cuando sus expectativas acerca de cómo resolver el conflicto no están en línea. Si su estilo de tratar los desacuerdos es eficaz para ustedes...

- Se sentirán mejor con su relación cuando terminen de hablar. Tendrán confianza en que sus futuros desacuerdos mejorarán su relación.
- Disfrutarán el proceso de construcción.

Si su estilo de tratar los problemas no es eficaz para ustedes...

- Se sentirán peor con su relación cuando terminen de hablar.
- Comenzarán a evitar o temer conversaciones serias con su cónyuge.
- Sus discusiones no les llevarán a la construcción.
- Serán cada vez más críticos entre ustedes.

Si comienzan a ver que se desarrollan características negativas en su relación, deberían buscar ayuda. Un pastor con experiencia, consejero o líder ministerial puede ser de gran ayuda para ayudarles a descubrir su estilo de manejo de conflictos. No esperen a que se desarrolle un fuerte resentimiento o violencia. Comiencen a pedir ayuda tan pronto como se den cuenta de que su estilo actual no les está funcionando bien.

Personas a quienes les gusta discutir

Pasamos bastante tiempo visitando al papá de Pam en nuestros dos primeros años de matrimonio. Pam y su padre discutían muy frecuentemente. Discrepaban vehementemente en sus inclinaciones políticas y eran muy francos en sus convicciones.

El papá de Pam decía: «Los únicos un poco sensatos en Washington son los demócratas. Los republicanos están estropeándolo todo.»

«No están estropeando nada», replicaba Pam, «están limpiando el lío que dejaron los demócratas. Si el anterior presidente no hubiera cometido tantos errores, no estaríamos tan mal.»

«Los republicanos están desconectados de la gente común», respondía papá. «Solo les importan sus amigos ricos.»

«Sus amigos ricos son los que crean empleos para todos los demás, papá. ¡Abre los ojos!», rebatía Pam con una sonrisa bromista en su rostro.

Este tipo de chachareo se prolongaba durante horas. Cuando terminaban de hablar de política, cambiaban a la religión. Cuando acababan con ese tema, hablaban de cómo criar a los hijos.

Cuando Bill Clinton fue elegido presidente, recibimos una llamada de papá. «Hola, chicos, solo llamaba para felicitarles. Alguien de su generación va a ser presidente. Creo que es fantástico. Pienso que quizá sea lo mejor que le haya ocurrido al país desde que yo era un niño.»

Pam no estaba en absoluto contenta con los resultados electorales, así que comenzó con su valoración del estado de la unión. «Papá, estás loco. No confío en él ni en su política. Creo que todos vamos a lamentar esto. Ciertamente yo no le voté, pero parece que tú sí. Papá, creo que no vas a aprender nunca.»

«Charlie (ese era el apodo que papá usaba para Pam), un día madurarás y descubrirás la razón que tiene tu anciano padre.»

Después de ver esta interacción unas cuantas veces, le pregunté a Pam: «¿Por qué tú y tu padre siempre discuten?»

Su respuesta me dejó helado. «No estamos discutiendo.»

«Sí, lo hacen», respondí yo. Estaba seguro de que se estaban hiriendo el uno al otro y dañando su relación. No podía entender cómo un padre y una hija podían meterse el uno con el otro así y seguir queriéndose.

«No, no discutimos», demandó Pam. "Quizá a ti te lo parece, pero mi papá y yo nos hablamos siempre así. Nos amamos mucho, y nunca nos tomamos esas discusiones como algo personal. De hecho, nuestras conversaciones me estimulan mucho.»

Yo estaba sorprendido. Calladamente me di cuenta de que a Pam probablemente le gustaría que yo hablase así con ella, pero yo sabía que no me sentiría cómodo con ese estilo de comunicación. Mis padres y yo nunca hubiéramos interactuado de ese modo. Mi personalidad no se inclina a ese tipo de contención, pero nunca le ha molestado a Pam. Por eso, Pam ha adaptado su estilo de interacción más de confrontación y me ha pedido que le enseñe a comunicarse de manera más eficaz conmigo cuando se apasiona con algún asunto o cuando tenemos opiniones diferentes. Yo también he cedido no tomándome como algo personal lo que dice Pam solo porque se exprese apasionadamente. Juntos hemos forjado nuestra propia mezcla de resolución de conflictos.

Estar sincronizados

La resolución de conflictos en una relación íntima es como un equipo deportivo. Todos nuestros hijos han sido atletas competitivos. Al verlos en acción, hemos observado muchas formas en que los equipos "realizan su trabajo". Cada deporte tiene varias tácticas ofensivas y defensivas. Todas las tácticas pueden ser eficaces si todos los miembros del equipo cooperan. El éxito del entrenador viene dado por su capacidad de hacer que todos sus jugadores estén en la misma página en cuanto a la ejecución de su plan de juego. El compromiso del equipo con el plan es lo que hace que un plan sea eficaz.

Cuando todos los del equipo están trabajando sincronizados, es increíble verlo. Los equipos con menos talento a menudo derrotan a equipos con más talento porque juegan con precisión y cooperación. Por el contrario, cuando un equipo carece de sincronización y sus miembros hacen lo que quieren, consiguen mucho menos de lo que les permitiría su potencial. Lo mismo ocurre en el matrimonio. Si están llevando a cabo tácticas distintas, sus esfuerzos por resolver sus conflictos probablemente sean desastrosos. Si, por el contrario, los dos están en la misma página en su manera de resolver los conflictos, tendrán éxito.

Un plan de juego para resolver los conflictos

Así como los militares tienen reglas de participación que bosquejan cómo afrontar el conflicto, también nosotros necesitamos establecer algunas pautas. Consideren crear un *Pacto de conflicto*, un documento que explique cómo manejarán los conflictos. Nosotros hemos tenido uno desde que éramos recién casados, y algunos días pensamos que eso ha salvado nuestro matrimonio. Aquí tiene algunos de los puntos de nuestro pacto:

- Nunca mencionar la palabra divorcio.
- Nunca llegar a las manos.
- No decir palabras que lamentaría si mi cónyuge se fuera de repente.
- No irse hasta alcanzar un acuerdo.
- Si nuestro estado de ánimo está descontrolado, pedir un tiempo muerto.
- Orar al comienzo y al final de la discusión, tomados de las manos.

- Leer libros regularmente sobre el matrimonio.
- Asistir a un evento de matrimonios anualmente.

Necesitábamos estas reglas porque ambos crecimos en hogares donde reinaba la ira. Descubrimos que si nos tomábamos de las manos durante nuestras "intensas convivencias" ¡era menos probable que arrojásemos algo! Algunos de nuestros amigos tienen un bol de chocolatinas sobre su mesita de café. Cuando están en una discusión, uno de ellos pregunta: "¿Quieres una chocolatina?" Comer una chocolatina les da un tiempo para enfriarse.

Los cuatro últimos puntos de nuestro pacto son cosas que haremos si no estamos manejando bien nuestro conflicto:

- Llamar y hacer una reserva para una conferencia de matrimonios.
- Llamar a un matrimonio mentor y fijar un día y una hora para reunirnos con ellos.
- Llamar a un consejero con experiencia.
- Programar un fin de semana o una semana de consejería intensiva con especialistas que ayudan a parejas en crisis. (Para una lista de estos recursos consulte *www.farrelcommunications.com*.)

Finalmente, estos son algunos versículos que pueden memorizan y que les guiarán en su comunicación:

> Que su conversación sea siempre amena y de buen gusto. Así sabrán cómo responder a cada uno (Colosenses 4:6).

> Eviten toda conversación obscena. Por el contrario, que sus palabras contribuyan a la necesaria edificación y sean de bendición para quienes escuchan (Efesios 4:29).

> Sean, pues, aceptables ante ti mis palabras y mis pensamientos, oh Señor, roca mía y redentor mío (Salmos 19:14).

Y recuerden, ¡asegúrense de tener muchas chocolatinas!

Por parte de él…

En el principio, creó Dios del polvo de la tierra y descansó.
Después Dios creó al hombre y descansó.
Luego Dios creó a la mujer.
Desde entonces, ni Dios ni el hombre han descansado.

Por parte de ella…

Amor significa no tener nunca que decir lo siento.
Salvo cuando es su culpa.
O cuando es culpa de él, pero él es demasiado inmaduro como para admitirlo.
O cuando es culpa de los niños, pero él dice que usted es la responsable.
O cuando no es culpa de nadie, pero él está buscando un chivo expiatorio.
O cuando…

5

Decidan que "nosotros" es más grande que "yo"

El amor no es jactancioso ni orgulloso.

Hay dos veces en que un hombre no entiende a una mujer: antes del matrimonio y después del matrimonio. Una ventaja del matrimonio es que cuando a usted se le acaba el amor por él o cuando a él se le acaba el amor por usted, les mantiene unidos hasta que se vuelven a enamorar.

—Judith Viorst

Algunas personas dicen que lo más difícil de hacer juntos para un matrimonio es empapelar. Nosotros no hemos intentado eso, pero hemos tenido nuestros momentos con la pintura. Con un entusiasmo idealista, encaramos todas las habitaciones de nuestro primer hogar, ya sabe, el que nos parecía un Ferrari cuando realmente era un Volkswagen. Decidimos usar una pintura aceitosa amarilla brillante para el recorte de la cocina. Nos sobraba tanta pintura después de terminar la cocina, que decidimos pintar el borde de madera en el cuarto del bebé con la misma pintura amarilla.

El sábado comenzamos el proyecto como cualquier otro día. Desayunamos juntos, planificamos nuestro día, y comenzamos con el cuarto del bebé.

Yo (Bill) estaba pintando las paredes mientras Pam trabajaba en la ventana. Apartamos los muebles del cuarto del bebé al centro de la habitación y los cubrimos con plásticos dejando un espacio para caminar alrededor. No nos dimos cuenta de que eso también formaba un escondite muy bueno para nuestro hijo de dieciocho meses, Brock. Comenzamos a pintar durante su siesta ese día. Como estábamos en su cuarto, le acostamos en nuestra cama, tranquilos de que él estaría ahí hasta que terminásemos con su cuarto.

Ninguno de los dos asoció el sonido del teléfono con un posible peligro. No habíamos oído ningún ruido en nuestro dormitorio, así que imaginamos que Brock aún estaba dormido. Respondí a la llamada del teléfono y vi que era para Pam, así que fui a buscarla. Ella fue a la cocina para responder al teléfono, y decidí hacer la comida. Aún no oíamos ningún ruido de nuestro hijo dormido. Pam tuvo una conversación telefónica muy buena y regresó al cuarto del bebé para terminar de pintar mientras yo seguía con la comida.

Pam entró en el cuarto del bebé y sorteó un montón de tesoros infantiles. De repente, su grito estridente llenó toda la casa. Pam comenzó a gritar: "¡No! ¡No! ¡No me puedo creer que hayas hecho esto! ¡Bill, ven! ¿Qué hago?"

Mientras corría por el pasillo, vi a Pam cargando a Brock con sus brazos totalmente extendidos. ¡Él estaba amarillo como un canario! Brock se había ido de la cama mientras estábamos en la cocina y abrió la puerta de nuestro dormitorio. Se metió en su cuarto y encontró la pintura. Estaba tan fascinado con ella que metió las dos manos en la lata hasta los codos, pero no le gustó la sensación. La pintura aceitosa en su piel le debió de parecer como un millón de bichos caminando por sus brazos. Intentó limpiarse la pintura, ¡en su camiseta y en su cabello! Cuando llegó Pam para cargarlo, su cabello era amarillo, su cara amarilla, su ropa amarilla, y estaba llorando lágrimas amarillas.

Mientras corrían por el pasillo, Pam iba gritando, Brock iba gritando, y mi mente iba a cien por hora. Primero, mi curiosidad subió de marcha. ¿Cómo es posible que nuestro hijo se haya vuelto amarillo en tan poco tiempo? No sabía si estar orgulloso de él, ¡o enojarme con él! Entonces, el manitas que hay en mí entró en escena. No podíamos tan solo darle un baño, porque estaba cubierto de pintura aceitosa. No podía lavarle con disolvente, porque su piel era muy sensible.

La respuesta fue un limpiador de manos para mecánicos. Recuerdo leer que la pintura salía muy bien con el viejo limpiador de manos. Pam sostenía a Brock en el porche mientras yo le echaba gotitas del producto mágico en su cabello. Eché unas gotitas más en su piel, ignorando los continuos gritos de Brock. Estoy seguro de que él no tenía ni idea de lo que estaba ocurriendo, ¡probablemente pensaba que le íbamos a dejar amarillo para siempre! Cuando le habíamos restregado y limpiado con bastante limpiador de manos, sacamos la manguera para darle un aclarado. En un caluroso día de verano, Brock probablemente hubiera pensado que era divertido, pero aquel día se comportó como si le estuviéramos torturando.

Por supuesto, ningún padre que se preste privaría a su hijo de un aclarado con manguera después de bañarle con limpiador de manos para mecánicos. Así que Brock fue a la bañera en brazos de su madre. Con agua caliente y jabón, Pam limpió todo escondrijo posible en el cuerpo del niño. Le lavó el cabello tres veces. Encontró amarillo en sus oídos dos veces. Su rostro se familiarizó mucho con la toallita. Finalmente decidió que estaba presentable, así que le secó y le vistió. Todo ese tiempo él estuvo gritando, llorando o sollozando. El niño estaba tan agotado tras esta dura experiencia que se quedó dormido cuando volvió de nuevo a los brazos de Pam.

Mientras Pam se ocupaba de las necesidades higiénicas de Brock, yo fui al cuarto del niño para ver los daños ocasionados. El charco de pintura amarilla en el plástico protector se había desbordado y había llegado al piso de madera, el mismo piso que yo había reparado y pulido para no tener que vivir con una alfombra peluda de color verde aceituna. Tardé tanto en limpiar la habitación como Pam tardó en limpiar a nuestro hijo.

Y después fue el momento de hablar. E hicimos lo que todas las parejas estadounidenses de sangre caliente harían en ese momento: ¡debatir de quién fue la culpa!

«Bill, ¿cómo pudiste dejar que ocurriera esto?»

«¿Cómo pude *yo* dejar que esto ocurriera? ¿Y qué tal *tú*? Yo fui el que pregunté por Brock, ¡y tú me dijiste que estaba bien!»

«Pero yo estaba al teléfono. Tú deberías haber estado escuchándole.»

«Le estaba escuchando, pero obviamente está entrenado para ser un sigiloso agente operativo para el gobierno. Tú sigues hablándome de la intuición femenina y los instintos de madre. ¿Cómo es que no aparecieron cuando más los necesitábamos?»

«¿Por qué tienes que ser así?»

«¡Porque estoy asustado!»

«Estás ¿qué?»

«¡Estoy asustado! ¿Y si Brock se hubiera tragado la pintura? ¿Qué ocurriría si se enfermara mucho ahora? ¿Y si tuviéramos que ir al hospital? Odio la idea de incluso haber podido perderle, o a ti.»

«Sí, creo que yo también estoy asustada. Imagino que necesitaba culparte porque… bueno, sin motivo.»

Indulgencia desinteresada

Arreglar una casa puede resultar traumático, puede ser reconfortante… y probará su relación para sacarle el máximo partido. Del mismo modo, arreglar una relación es un trabajo duro. Es un viaje de indulgencia desinteresada.

Para cosechar el mayor beneficio de una remodelación relacional, usted debe ceder por completo en la búsqueda sin demandar recibir nada a cambio. Eso, por supuesto, es una meta inalcanzable, pero al buscarlo, usted se encamina hacia el secreto de los grandes matrimonios.

El camino a la realización personal en el matrimonio es un compromiso con el principio de que *nosotros* es mayor que *yo*. Piense en ello como en una ecuación matemática: Nosotros > yo. Decidir mantenerse enfocado en *nosotros* en vez de *yo* no es una tarea fácil. Unos cuantos términos de construcción pueden ayudarnos a dirigir nuestros esfuerzos.

Manténgalo en la burbuja

Construimos una casa de dos pisos de estilo Cape Cod. Un día, mientras poníamos las paredes del primer piso, teníamos que asegurarnos de que quedaban *a plomo*, lo cual significa que las paredes estén perfectamente verticales. Para añadir el segundo piso, las paredes del primer piso tenían que estar totalmente rectas, y no solo *parecer* que estaban rectas. Una manera de lograr eso es con un nivel muy largo. Se mueve la parte superior de la pared hasta que la burbuja del nivel quede en el centro. La pared está nivelada cuando *uno la mantiene en la burbuja.*

Otra manera de lograr esto es poner una plomada. Así es como nosotros pusimos nuestras paredes. Bill estaba en una escalera y dejaba caer una plomada desde la parte de arriba de la pared. Una plomada es una cuerda con un peso triangular atado a un extremo. Bill soltaba el peso hasta que casi tocaba el suelo. Movía la parte superior de la pared hasta que la punta del peso estaba alineada con la parte inferior de la pared. Mi tarea era revisar el peso y decirle a Bill si la pared ya estaba *a plomo.*

En una de las paredes, yo dije: «Está casi bien.»

Bill dijo: «No he preguntado si está casi bien. He preguntado si está a plomo.»

«A mí me parece que está casi bien. ¿Realmente importa tanto?», respondí desafiante.

«Cariño, aprecio tu deseo de querer terminar esto, y sé que estas mediciones resultan aburridas y tediosas, pero todas las paredes tienen que estar exactamente derechas. Si no mantenemos las paredes en la burbuja, todo se verá afectado. El piso probablemente no encajará. Los armarios no se ajustarán bien. Y recuerda que los cuartos de los niños están arriba. ¿Quieres que las cosas de los niños estén bien o 'casi bien'?»

«Está bien, de acuerdo, imagino que quiero que estén bien.»

«Entonces ¿me puedes decir cuántas de las paredes que ya hemos puesto estaban exactamente bien y cuántas estaban 'casi bien'? Tendremos que volver a revisar cualquiera que te pareció que estaba 'casi bien'.»

Por fortuna, íbamos solo por la tercera pared. Con las otras dos yo había tenido cuidado de que estuvieran exactas. Ahora tenía una nueva razón para ser concienzuda y hacer el trabajo trivial y aburrido que era necesario para que nuestra casa quedara fuerte y duradera.

Eviten las poleas imaginarias

Construir relaciones es similar a construir una casa. Las relaciones funcionan según unos principios básicos que se deben practicar una y otra vez. Practicar la comunicación, escoger un estilo de resolución de conflictos, pasar tiempo divertido juntos como pareja, crear una proporción de cinco a uno entre las expresiones positivas y las negativas, y orar el uno con el otro diariamente son tan solo algunas de las destrezas básicas que ayudan a crecer a los matrimonios.

En vez de poner a funcionar estas destrezas básicas, tendemos a formar nuestros propios planes y suponer que van a funcionar. Bill era estudiante de arquitectura cuando nos conocimos, y pasaba muchas horas diseñando casas. Algo que aprendió antes de cambiar sus estudios de construir casas a construir hogares y matrimonios era evitar las "poleas imaginarias". Las poleas son soportes imaginarios que no funcionan en la vida real. En el matrimonio, cuando formamos nuestras propias reglas en lugar de usar las de Dios, somos como diseñadores de edificios que confían en poleas imaginarias para sostener partes de su edificio. *Sobre el papel* funcionan bastante bien, pero realmente son solo una ilusión. Es necesaria una cuidadosa planificación para evitar estas poleas imaginarias, porque "hay caminos que al hombre le parecen rectos, pero que acaban por ser caminos de muerte. También de reírse duele el corazón, y hay alegrías que acaban en tristeza" (Proverbios 14:12-13).

Es muy fácil caer en el engaño de la paz momentánea en nuestras relaciones y no darnos cuenta de que estamos sembrando semillas de trastorno. Desgraciadamente, conocemos a parejas constantemente que están intentando vivir mediante poleas imaginarias relacionales. Piense en algunas de estas poleas imaginarias que la gente implementa:

- Los hombres dicen: "Trabajo mucho para sostener esta familia. Eso debería ser suficiente." Pero la historia ha demostrado que los matrimonios exitosos necesitan un equilibrio entre el trabajo duro y el tiempo juntos enfocados en el otro.
- Las mujeres dicen: "No creo que el sexo sea tan importante ahora que tenemos niños y una vida plena." Pero los matrimonios saludables son regularmente activos en su vida sexual.
- Las parejas deciden educar a todos sus hijos igual aunque cada niño es un individuo único con una personalidad única. Cada niño tiene una "inclinación" natural que es la clave para motivarlo.
- Las parejas dicen: "Deberíamos vivir juntos primero para ver si somos realmente compatibles." Pero las estadísticas dicen que estas parejas tienen el doble de posibilidades de divorciarse.
- Los hombres y las mujeres se contienen de decir "te amo" porque piensan que la otra parte ya lo sabe. Pero los estudios demuestran una firme necesidad de afirmación en las relaciones íntimas.
- Uno de los dos en la pareja constantemente demanda cosas del otro, pensando que esto traerá orden y dirección a su matrimonio. Pero los mejores matrimonios funcionan como sociedades cuando la responsabilidad y la autoridad se reparten estratégicamente.
- Las parejas hacen cosas como las hicieron sus padres sin evaluar la eficacia de sus conductas. Pero las relaciones maduras evalúan deliberadamente y eligen sus habilidades.

Bill siempre me ha persuadido para evitar las poleas imaginarias en nuestra relación. Desde el mismo comienzo de nuestros primeros días juntos, ambos estábamos desesperados por edificar nuestra relación correctamente. Ambos proveníamos de hogares donde los patrones familiares eran bombas activadas de disfunción. Si no teníamos cuidado a la hora de desenredar los patrones, sería muy probable que viéramos alguna explosión en nuestro matrimonio. Tuvimos que decidir retener lo bueno y reemplazar lo que no era sano.

Si no planifican, planifican fracasar

Cuando comenzamos a salir, Bill tenía un cuaderno donde escribía preguntas para una relación. Cada vez que salíamos, hablábamos de las preguntas de esa semana. Yo estaba decidida a no repetir el divorcio de mis padres, así que me impresionó este hombre de veinte años de edad y su enfoque. De esas charlas, creamos un marco para nuestra relación que era fuerte y seguro.

Cuando usted edifica o remodela su hogar, descubre sorpresas. Algunas son buenas y algunas malas. Cuando construimos nuestra casa en el condado de San Diego, tuvimos una sorpresa justo antes de echar el bloque de cemento. Después de cavar las zanjas para los puntos de apoyo, una gran tormenta llegó a nuestra zona. Las zanjas cedieron, y hubo que sacar toda la tierra que se hundió. La tierra se pegaba a las palas como pegamento, así que como mencionamos antes, tuvimos que rascar las palas con un cuchillo puntiagudo. El trabajo extra hizo que nuestras zanjas fueran un poco más anchas de lo planificado, así que pusimos mucho más cemento en los cimientos del que era necesario. A veces estábamos frustrados, pero no nos preocupan los cimientos de nuestra casa. Del mismo modo, probablemente pusimos más esfuerzo en nuestra relación del que era necesario cuando empezábamos, pero ahora tenemos unos cimientos fuertes sobre los que edificar en nuestro matrimonio.

También hemos experimentado algunas sorpresas interesantes en nuestro matrimonio. Yo (Bill) crecí con una mamá que fue emocionalmente lastimada en algún momento de su vida. Aún no estoy seguro de lo que ocurrió, pero ella necesitaba controlar las situaciones, sufría paranoia, y su lógica no siempre tenía sentido. Pam creció con un padre alcohólico que era como dos personas distintas. Cuando estaba sobrio, era el hombre más bueno que jamás haya conocido. Trabajaba mucho, era leal con la gente, y animaba a sus amigos en sus aspiraciones. Cuando estaba bebido, no se podía depender de él, se enojaba y era muy demandante. Ambos tenemos una aversión a esos rasgos y hemos trabajado mucho para ser conscientes de nuestras reacciones, pero de vez en cuando se cuelan.

Una noche, un grupo de la iglesia que yo pastoreaba se reunió en la playa, y yo bauticé a varias personas. Habíamos terminado los bautismos y estábamos de pie juntos con el agua hasta las rodillas en el océano. Nuestros tres chicos, muy atléticos, estaban en el agua con sus tablas, disfrutando de las olas. Pam tuvo que irse a casa más temprano que yo porque tenía que tomar un avión a la mañana siguiente muy temprano para ir a hablar a un evento.

Se giró hacia mí y dijo: «Bill, los chicos tienen que salir ya del agua.»

Yo miré perplejo y pregunté: «¿Por qué?»

«Porque me tengo que ir», dijo Pam, como si esa fuera una explicación perfectamente buena.

«Bueno, yo voy a seguir aquí», dije un poco a la defensiva.

«Lo sé, pero yo no.»

«Y…» respondí con un poco de sarcasmo en mi voz.

«Los chicos se tienen que salir.»

«No, no tienen que hacerlo. Yo voy a estar aquí vigilándolos.»

«Ya, pero sé lo que pasa. Vas a comenzar a hablar con la gente, y te olvidarás de los niños. Mientras estés metido en una gran conversación, uno de los niños se verá en apuros en aguas revueltas y probablemente termine en Catalina.»

A esas alturas, yo estaba perdiendo los estribos. Para mí, no tenía sentido lo que Pam decía, y no reacciono bien con las mujeres que dicen cosas sin sentido, ya que crecí con ese tipo de pensamiento ilógico. Me decían que comiera comida pálida porque yo tenía la piel pálida. Me decían que no trabajara en una oficina en la calle Navajo porque yo no era americano nativo. Me decían que personas que ni tan siquiera conocía querían adueñarse de mi vida. Cuando salí de mi casa, juré que mi vida de adulto nunca estaría afectada por ideas que no tuvieran sentido.

Frustrado, finalmente dije: «Deja que lo entienda, Pam. Estuviste de acuerdo en que me llevara a los niños a México. Estuviste de acuerdo en que llevara a los niños a Catalina. Estuviste de acuerdo en que me fuera de senderismo a las montañas con los niños, pero no pueden nadar en el mar a diez kilómetros de casa. ¿Es eso lo que me estás diciendo?» Justo entonces, la atmósfera entre nosotros cambió. Una conocida expresión brilló en el rostro de Pam. Ella respondió: «Dios mío. Crecí sin poder confiar en mi padre, y ahora me estoy comportando como si tú fueras a comportarte como él. Y probablemente ahora pienses que me parezco a tu madre.» Estuve de acuerdo con ella en mi mente, ¡pero no iba a verbalizar mis pensamientos! Quizá no siempre sea el tipo más listo del lugar, pero sé que nunca es una buena idea comparar a tu esposa con tu madre, ¡o estar de acuerdo con ella cuando ella lo hace! Por fortuna, pasamos bien esa noche, pero fue un buen recordatorio de que la sombra de nuestra infancia siempre será parte de nuestra vida.

Un destello detrás de las paredes

Nuestra meta ha sido siempre dar a nuestros hijos un mejor comienzo en la vida del que nosotros recibimos de nuestras familias. Nuestros padres nos transmitieron algunas cosas maravillosas, pero algunas cosas con las que crecimos no tenían mucho sentido. Estamos bastante seguros de que nuestros hijos tendrán experiencias mucho mejores trayendo a sus novios a casa para conocernos que las que nosotros tuvimos con cada uno de nuestros padres.

Bill conoció por primera vez a mi papá en una cena cuando nos acabábamos de comprometer. No se habían conocido mientras estábamos saliendo porque mi padre viajaba mucho, y nunca estaba en la ciudad los fines de semana. Bill y yo vivíamos en ciudades distintas y solo nos veíamos un fin de semana sí y uno no. Cuando se me declaró, Bill se mudó a mi ciudad natal de Bakerfield, donde yo iba a la universidad.

Mi padre era un hombre muy bueno y generoso, pero creció en una familia severamente disfuncional. El alcoholismo corre por mi árbol genealógico como la savia. Mi padre trataba su dolor personal ahogándolo en una botella.

La primera cena de Bill con mi papá fue bien porque mi papá, vestido con su traje, llegó directamente del trabajo, y estaba relativamente sobrio. Le gustaba Bill y quiso darnos algo de dinero para la inminente boda. Él mencionó una cantidad, y le dimos gracias por su generosidad. Después añadió: «Hijos, ¿por qué no vienen a mi casa en Stockton el próximo fin de semana para poder darles un cheque? Así podré conocer mejor a Bill y pasar un tiempo con los dos.»

El fin de semana siguiente, condujimos durante cuatro horas desde Bakersfield hasta Stockton. Cuando llegamos a casa de papá, él no estaba allí. Finalmente llegó a casa tras hacer esquí acuático con sus amigos, y beber. Siguió bebiendo mientras intentaba hacer una barbacoa para cenar. Como no podía estar enfocado, convirtió nuestra cena en una especie de holocausto.

Se decepcionó, así que le calmé diciendo: «Está bien, papi. No vine para comer tu comida. Vine a pasar tiempo contigo. No importa lo que comamos. ¿Qué tal si pedimos una pizza?»

Mientras esperábamos la pizza, papá bebió algo más. Yo pensaba: *Bueno, vamos a recuperarnos. Quizá podamos rescatar algo de esta noche.* Cuando llegó la pizza, les serví a Bill y a papá y llené sus vasos con leche. El primer bocado fue bien, y pensé que íbamos a tener una cena pacífica. Cuando papá dio su primer trago de leche, sin embargo, enseguida la escupió encima de toda la pizza y encima de mí. Yo me lancé enfrente de Bill, ¡intentando evitarle que ni siquiera contemplara la escena!

Yo (Bill) recuerdo que pensé: *Vaya, Pam también está en el club. Yo he visto algunas cosas bastante locas en mi casa al crecer, y aparentemente ella también. Pienso que quizá debería estar más molesto por esto, pero tristemente, casi me parece algo normal. Será mejor que ore por Pam porque ella sí parece muy afectada.*

Yo (Pam) limpié a papá y le metí en su cama. Bill y yo limpiamos la cocina, y luego nos fuimos al parque. Le dije: «¡Tenemos que orar! Es un patrón en mi papá. El día después de ocurrir algo así, intenta comprarme con dinero. Quiero honrar a mi padre por ser mi padre porque Dios me lo dio, pero no quiero que sigan estas cuerdas de culpabilidad y patrones en nuestra nueva relación. Vamos a necesitar algo de sabiduría para mañana.»

Nos sentamos en un parque a poca distancia de la calle donde vivía mi papá y oramos. Tras orar, sentimos aceptar solo la cantidad que mi papá nos había ofrecido inicialmente. También decidimos que no esperaríamos absolutamente nada, por si no tenía recursos. Al día siguiente, papá tuvo un apagón alcohólico. No recordaba los detalles de lo ocurrido, pero sabía que fue algo malo. Escribió un cheque enorme. ¡Yo podría haber tenido con ello la boda de la princesa Diana!

Le devolví el cheque a mi papá, y dije: «Papá, te amo. No te manipularé con tu dolor. Si quieres darnos la cantidad inicial que nos dijiste la semana pasada cuando estabas sobrio, con eso es más que suficiente. Papá, no esperamos nada, tan solo que me lleves del brazo al altar.»

Papá escribió un cheque con la cantidad inicial y prometió estar ahí para llevarme al altar, sobrio. Mi papá me dijo años después que esa fue la primera vez en su vida que se sintió amado incondicionalmente por quién era y no por lo que podía hacer. Creo que fue un momento importante en su viaje espiritual que le llevó a tomar su propia decisión por Cristo poco antes de pasar de esta vida a la eternidad.

Bajo control

Pam conoció a mis padres poco después de nuestro compromiso. Le dije a Pam que mi madre hablaba mucho, lo cual es cierto. Tiene que hablar mucho porque le aporta el control de las conversaciones. Cuando las cosas de la vida se escapan del control de mi madre, se pone nerviosa y tiene miedo. Pero no le dije a Pam de lo que habla mi mamá.

Mi padre es un hombre generoso y amable, y un ingeniero aeronáutico muy exitoso. Es muy fácil de tratar, y respetuoso. Mis padres se conocieron mientras estudiaban en la Universidad de California en Berkley. Mi papá después se convirtió en piloto de la fuerza aérea. Viajaron a Francia, dieron a luz a mi hermana en Alemania, y finalmente se asentaron en Sacramento, donde nacimos mi hermano y yo. Nunca supe mucho de mi familia extensa. Mis padres se distanciaron de sus familias antes de que yo naciera. Casi todas las vacaciones y días de fiesta los pasábamos con nuestra familia directa. Pasar tiempo con la familia extensa era un concepto extraño para mí, pero la familia de Pam convive mucho con su familia extensa.

Yo (Pam) pensaba que esto era único porque conocía a mis primos por ambas partes. En la recepción de nuestra boda en Idaho, ¡Bill conoció a casi cien familiares en un día!

El día que yo conocí a los amigos de Bill, habíamos estado en su casa solo unos minutos cuando supe que algo era distinto. Las paredes estaban todas pintadas de colores distintos. Uno de los padres de Bill mencionó que estaban redecorando. Su papá dijo: «Bill, ¿quieres ir a la ferretería?» Así que todos los hombres se fueron, dejándome sola con la mamá de Bill, ¡durante dos horas!

En ese tiempo, su mamá habló de la razón por la que las paredes eran todas de distintos colores. «Estamos buscando un color en el que mejor se vean los bichos.» (Es el color azul cielo, por si quiere saberlo). Entonces comenzó a hablar de diversos temas. «Ya no cocino debido a los bichos. Puse Cloro en los parterres para ver si podíamos matarlos a todos… Sabes, creo que alguien me siguió ayer hasta casa… No creo que la Guerra de Vietnam ocurriera en verdad. Creo que fue una invención del gobierno y después hizo un montón de películas. Me encanta Hollywood, ¿a ti no?... Mira, yo no como helado de chocolate porque tengo la piel blanca… No creo que debamos comer en Bob's Big Boy esta noche porque no eres un chico grande, yo no soy un chico grande, ¡y no tienes chicos grandes!» Pensaba que había oído la banda sonora de la serie *La dimensión desconocida* de fondo mientras pasaba el tiempo.

Me dolió el corazón por Bill, su papá y su mamá ese día. Obviamente, debía de haber alguna herida importante detrás del telón, y no fue hasta veinte años después en un funeral familiar donde supimos cuánto trauma habían sufrido estas personas con tanto talento y valía en sus propias familias de origen.

Ambos sabíamos que si pudimos sobrevivir al primer encuentro con los padres, ¡podríamos sobrevivir a casi cualquier cosa en el matrimonio!

En el lado bueno, Bill conoció a mi mamá por teléfono durante nuestros días de noviazgo. Llamó y pidió permiso para salir conmigo, algo que mi mamá aún no ha podido superar. Llamó de nuevo antes de pedirme a mí que me casara con él. Mi madre era cristiana, y había recibido consejería durante algún tiempo para recuperarse de vivir con el abuso y la violencia de mi padre. ¡Fue increíble tener un encuentro normal con alguno de los suegros!

A lo largo de nuestro matrimonio, hemos hecho dos preguntas muy a conciencia: Primero, ¿qué hicieron nuestros padres que queremos seguir haciendo en nuestra generación y transmitir a las futuras generaciones? Y segundo, ¿cuáles son las cosas que no queremos repetir en nuestra vida, y con qué vamos a reemplazarlas? Hemos escrito varias cosas:

Valores familiares que queremos mantener

- Encontrar una carrera que me guste aunque no me paguen.
- Trabajar duro.
- Defender lo que es justo porque es lo correcto.
- Ser creativo.
- Ser un buen ciudadano.
- Estar involucrado en mi comunidad.
- Ser leal y generoso con los amigos y familiares.

Nuevos valores familiares que queremos introducir

- Hacer que Dios sea una parte central de la vida en vez de vivir independientemente de Él.
- Perseguir metas y buenas amistades en vez del alcohol.
- En vez de evitar a las personas difíciles, ayudarles a crecer.
- Vivir según metas en vez de temores y dolor.
- Ayudar a los niños a descubrir sus dones e intereses únicos.
- Compromiso con toda una vida de crecimiento personal deliberado.

"Nosotros" es mayor que nuestros errores

La destreza más importante para mantener la unidad como pareja es el perdón. Sin duda alguna que cometerán errores, se decepcionarán el uno al otro, y tomarán algunas malas decisiones. Nadie puede negar que estas cosas ocurren. La única manera de mantener una relación en crecimiento en medio de nuestra humanidad es perdonando. El apóstol Pablo nos dio un impactante desafío: "...que se toleren unos a otros y se perdonen si alguno tiene queja contra otro. Así como el Señor los perdonó, perdonen también ustedes" (Colosenses 3:13). Diseñamos seis frases para ayudar a las personas a trabajar en el proceso de perdonar.

1. Perdono a (nombre de la persona) por (ofensa que cometió).
2. Admito que lo que hice estuvo mal.
3. No espero que (nombre de la persona) me compense por lo que ha hecho.

4. No definiré a (nombre de la persona) por lo que ha hecho. En cambio, le definiré como alguien que necesita tanta compasión en la vida como yo necesito.
5. No manipularé a (nombre de la persona) con lo que ha hecho.
6. No permitiré que lo que ha ocurrido detenga mi crecimiento personal.

Andy Stanley explica que cuando perdonamos, enumeramos todo lo que el ofensor ha hecho y luego le ponemos un sello que dice: "Deuda pagada en su totalidad". Escribimos en las lista de reclamaciones: "No me debe nada". Es muy difícil, pero muy liberador, decirle a Dios: "No me deben ninguna explicación. No me deben una disculpa. No me deben una restauración." El perdón le libera para avanzar en la vida y avanzar en todas sus relaciones.

El perdón es un acto vertical y privado entre usted y Dios. La reconciliación es un acto horizontal entre personas que han estado separadas por una ofensa o herida. La reconciliación funciona mejor cuando ambas personas ya han pasado por los seis puntos de perdón enumerados arriba. Una relación es más probable que sea restaurada si la parte ofensora dice: "Lo siento. Por favor, perdóname. ¿Qué puedo hacer para volver a arreglar las cosas?"

A menudo, "lo que hará que las cosas vuelvan a estar bien" es una explicación, una disculpa, y una restitución de algún tipo que se ofrece voluntariamente. La clave en este proceso de perdón y restauración tan enredado y cargado emocionalmente es que cada persona perdone al otro por completo, no porque alguien así lo pida sino porque Cristo nos perdonó. El perdón protege su integridad y su corazón.

Cada persona debería responsabilizarse libremente de sus propios asuntos. Este no es el momento de racionalizar, culpar a otros o evadir su parte de culpa. Las personas verdaderamente arrepentidas dicen: "Lo siento. Lo que hice estuvo mal. Esto es lo que estuvo mal. Por favor, perdóname. ¿Qué puedo hacer para volver a arreglar las cosas?" Después cierran la boca y escuchan atentamente y con el corazón.

El perdón está basado en la gracia, en amar incondicionalmente. El amor espera lo mejor de la otra persona, independientemente de lo que le cueste. El perdón tiene un costo emocional, pero la amargura y el resentimiento extraen incluso más de su vida. El perdón es caro: a Cristo le costó su vida al tener que morir por la imperfección del mundo. Pero la paga es de un valor incalculable; no hay ninguna cantidad de dinero que pueda pagar ese tipo de regalo de amor. Cuando usted entiende cuánto le ama Dios, ser misericordioso con otros y amarlos incondicionalmente se vuelve un poco más fácil.

Pam y yo hemos tenido numerosas oportunidades de practicar estas seis frases. Dos de ellas en particular tenían que ver con dinero, un asunto muy común de preocupación en las parejas casadas.

Las judías mágicas de Pam

Yo (Pam) soy pan comido para un hábil vendedor. Sé que si algo suena demasiado bueno para ser cierto, probablemente lo sea, pero el instinto idealista en mí no es difícil de despertar. Cuando comencé por primera vez mi carrera como escritora, estaba también terminando mis estudios. Necesitábamos algún dinero extra para terminar de pagar los estudios. Recibí una invitación para un seminario gratuito que presentaba una idea para un negocio desde casa, así que acudí. Las promesas del vendedor eran asombrosas. Enumeró a muchas personas que habían hecho dinero relativamente fácil y rápido con esta idea de empresa reconfigurada. Sonaba muy bien, muy fácil. Igual que la historia de Jack y la planta de judías, cambié mi vaca por cinco judías mágicas. Estaba segura de que mi planta de judías llegaría al ganso dorado del cielo. Pero a diferencia de Jack, realmente recibí cinco aburridas judías, y no creció ningún negocio.

Habíamos establecido la regla de que no gastaríamos más de cierta cantidad de dinero sin consultar primero con el otro. Pero el vendedor dijo que teníamos que hacerlo de inmediato. Yo siempre he creído que Dios no tiene prisa, y que las decisiones grandes es mejor tomarlas después de haber orado, al menos durante un día. Creo en mi corazón que debo orar con Bill respecto a las grandes decisiones. Pero fui en contra de mi propia conciencia, y del grito del Espíritu Santo dentro de mí, e incluso del consejo de la amiga que había asistido conmigo. El entusiasmo y la persuasión del vendedor fueron demasiado grandes para mí. Acepté la oferta de compra en la trastienda.

Mientras conducía de vuelta a casa me sentía mal, no tanto por el deseo de intentar una aventura, sino por la forma en que lo hice. En vez de hablar con Bill, hice una oración superficial: ¡Dios, bendíceme! y no una oración pidiendo sabiduría o guía. Entré en casa y le dije a Bill: «Cariño, tengo que decirte algo, y necesito que me respondas con algo como 'Te amo, Pam, y saldremos de esto'.»

Mientras compartía mi historia de Jack y la planta de judías, podía leer la decepción en el rostro de Bill. Sé que su corazón no correspondía con sus acciones, pero obedientemente me dio un abrazo y me acercó a su pecho. Con valentía me dijo: «Pam, te amo, y saldremos de esto.»

Debido a la frase de inicio de Pam, yo (Bill) inmediatamente pensé en lo peor. ¿Es cáncer? ¿Una aventura amorosa? ¿Alguno de los niños está herido? Así que cuando me contó lo del dinero, no me pareció tan malo. No teníamos ese dinero para gastarlo así, especialmente en judías mágicas, pero el problema era menor que las situaciones hipotéticas que se me habían pasado por la mente. Sus acciones no estaban justificadas, y yo tenía que perdonarla, pero un poco de perspectiva hace que el perdón sea algo más fácil.

¡Necesito correr un riesgo!

Yo (Bill) tengo varios amigos que son grandes empresarios. Uno acudió a mí con una idea que sonaba increíble. Era una oportunidad de inversión con un beneficio increíble. Sonaba demasiado bien para ser cierto, pero yo conocía a esa persona. Conocía sus credenciales. Conocía su biografía y su trasfondo. Incluso había pasado algún tiempo en el ministerio a tiempo completo. Dijo que necesitaba unos cuantos inversores más para que el plan funcionase, y veríamos la recompensa en cuestión de semanas. Sí dijo que había un riesgo, pero parecía ser un riesgo calculado y planeado.

Hablé con Pam. Oramos. Sopesamos las opciones. Pude ver que ella estaba reticente porque el dinero que usaríamos era de su fuente de ingresos. A ella le parecían demasiados huevos para una sola cesta. Al final dijo: «De acuerdo, cariño. Creo en ti, y confío en ti. Si tú crees que esto es lo mejor para nosotros y nuestra familia, entonces hazlo.»

Así que me decidí a hacerlo. Pasaron las semanas y no había beneficio. Pasaron los meses y no había beneficio alguno por la inversión. Ahora han pasado años desde que asumí el riesgo, y obviamente nunca recibiremos beneficio alguno de ello. Intenté sacar a flote el dinero que Pam había ganado con tanto esfuerzo, y se hundió. Sabía que le había fallado. No podía explicar mis acciones salvo diciendo que tenía estrellas en mis ojos. Lo único que pude hacer fue decir: "Lo siento", y arrojarme a merced de su misericordia.

Yo (Pam) sabía que tenía una decisión que tomar. Podía estar resentida y enojada. Bill se había equivocado gastando de esa forma el dinero que yo gané. Tenía muchas razones para albergar resentimiento, pero también sabía que el resentimiento provocaría un distanciamiento. Perdería no solo el dinero sino también algo en nuestra relación. Tuve que preguntarme: ¿Cuántas veces quiero perder? Yo le había dado a Bill luz verde para decidir por nuestra familia. No pensaba que ahora debiera recuperar mi bendición y cooperación porque el plan había fallado. Puse mi dolor y decepción a los pies de la cruz.

Al hacerlo, todas las cosas maravillosas y de ánimo que Bill había dicho y hecho durante los años acudieron en masa a mi mente. Le dije a Dios: "Señor, es mucho dinero, pero es un precio pequeño por estar casada con un hombre tan maravilloso como Bill."

Recuerdo una historia que el reverendo E. V. Hill compartió sobre su esposa cuando se vio en una situación similar. Ella calculó que como E. V. no bebía, ni fumaba, ni jugaba como muchos hombres hacen, aún estaba económicamente por delante cuando una de sus inversiones hizo que la familia perdiera algo de dinero. También pensé en mis propios padres. Mi mamá una vez calculó cuánto dinero se bebió mi papá. ¡Calculó que era lo suficiente como para enviar a sus tres hijos a alguna prestigiosa universidad! Decidí que la mala inversión de Bill fue un pequeño precio a pagar por el privilegio de estar casada con un hombre tan honesto y afirmativo como él. Yo le transmití mi decisión a Bill, para alivio suyo. Hemos pasado mucho tiempo riéndonos de ambas de esas poleas económicas imaginarias desde que encontramos la gracia para perdonarnos el uno al otro en vez de guardarnos rencor.

Un joven le dijo a su madre emocionado que se había enamorado y que se iba a casar. Dijo: «Solo como diversión, mamá, voy a traer a tres mujeres a casa, y deberás averiguar con cuál de ellas me voy a casar.»

La madre aceptó.

Al día siguiente, llevó a tres hermosas mujeres a su casa y las sentó en el sofá. Hablaron durante un rato, y luego dijo: «De acuerdo, mamá, averigua con cuál me voy a casar.»

Ella inmediatamente respondió: «Con la de en medio.»

«¡Increíble, mamá! ¡Has acertado! ¿Cómo lo supiste?»

«Porque es la que no me gusta.»

6

Decidan mantener el sexo sugestivo

El amor no se comporta con rudeza, no es egoísta.

***Besar**, n. [1] un método de acercarse tanto dos personas entre sí que no les es posible ver nada malo en el otro.*

Todas las casas se tienen que decorar. Hay que pintarlas, ponerles alfombras, empapelarlas y amueblarlas. En nuestro corazón hay un deseo de poner nuestro toque particular en ese lugar al que llamamos hogar. Sin decoraciones, la casa se sentiría estéril e industrial. Puede parecer robusta, funcional y segura, pero no sería un hogar.

Del mismo modo, cada relación íntima debe ser decorada. Los matrimonios necesitan tener una relación fuerte y estable para soportar los desafíos de la vida. Pero usted no se casó solo para aguantar. Usted se casó porque estaba enamorado y creía que podían pasar un tiempo estupendo juntos. Usted quiere ser valorado, amado y apreciado por su pareja. Por eso Dios creó el sexo y el romance. La intimidad sexual es la decoración que hace que su relación sea particularmente suya. Es un secreto que ustedes comparten entre sí, un baile que perfeccionan juntos, y una aventura que exploran.

¿Cómo desarrolla una vida sexual que decorará su relación? ¿Qué hace a un gran amante? ¿Qué calidad es la más sensual? ¿Qué es lo que más enciende de todo? ¿Son unos buenos abdominales? ¿Una figura con curvas? ¿Es la manera en que ella camina? ¿La forma en que él habla? ¿Es el dinero que él tiene? ¿Los ojos que ella pone en el dormitorio? ¿El poder de él? ¿La fragancia de ella? Ninguna de estas cosas es tan importante como la decisión de mantener encendidas las llamas de la pasión, la decisión diaria de que su vida íntima sea una prioridad.

Escogimos dar el paso porque estábamos fascinados el uno con el otro. Yo (Bill) conocí a Pam cuando estábamos en la universidad. Estábamos asistiendo a una conferencia de entrenamiento de liderazgo con Cruzada Estudiantil para Cristo. Me fijé en Pam por primera vez en el trampolín de la piscina. Ella compitió en salto de trampolín en su primer año en la universidad y tenía un estilo distintivo sobre el trampolín. Recuerdo que pensé: ¡Dios hizo un buen trabajo cuando la creó!

Yo (Pam) recuerdo ver a Bill también en la piscina. Tenía el cabello largo y rizado. Salió de la piscina y se sacudió el agua de su cabello. Parecía el hombre que hay en las portadas de las revistas de adolescentes que yo había visto. (Les había enseñado la revista a mi hermana y mis amigas y dije: "¡Quiero casarme con un hombre parecido a este!") Quedé fascinada incluso sin saber aún que él era el que Dios había elegido para mí.

Parte de lo divertido de las relaciones íntimas es esta continua fascinación el uno con el otro. Pero a veces las presiones de la vida pueden atenuar esa fascinación. Pueden darse mutuamente tres regalos que mantendrán su interés en aumento si los dan regularmente: el regalo de la *admiración,* el regalo de la *anticipación*, y el regalo de la *aventura.*

Hay todo un libro de la Biblia dedicado a estos tres regalos que hacen que las relaciones íntimas, sensuales, sean un gran viaje juntos. El libro, El Cantar de los Cantares, cuenta la historia de un matrimonio real. La historia es tan conmovedora que Dios decidió incluirla en el texto de la Biblia. El libro es tan sensual que a los niños judíos no se les permite leerlo ¡hasta que no son adultos! La mayoría de las personas ni siquiera saben que hay un libro tan explícito ¡en los bancos de su iglesia!

El regalo de la admiración

Tanto a los hombres como a las mujeres nos gusta ser amados. Anhelamos la mirada de admiración en los ojos de aquel a quien amamos. Toda nuestra perspectiva de la vida es iluminada por los halagos sinceros. Anhelamos tanto que el otro nos admire, que a menudo vamos a pescar halagos solo para ver si aún nos quieren. En el Cantar de los Cantares, capítulo 2, encontramos a Salomón y su esposa sulamita en una reunión después de haber estado en un viaje de negocios.

La novia comienza diciendo: "Yo soy la rosa de Sarón, y el lirio de los valles" (RVR1960). En Israel, el lirio de los valles es una flor de las más comunes. Crece por todas partes, incluso junto a las carreteras y en los campos. Ella está mirando a todas las mujeres hermosas a su alrededor y está convencida de que todas son rosas fantásticas mientras ella es un aburrido diente de león. ¡Está buscando halagos! Quiere sentirse hermosa y sabe que solo una palabra de Salomón es lo único que necesita. Pero es demasiado vulnerable para decir: "Salomón, ¿me puedes decir que soy hermosa? Me siento un tanto insegura ahora mismo, y tus palabras siempre hacen magia en mi corazón." En vez de eso, ella dice: "Siento que te hayas casado con una mujer tan común."

Pero Salomón es suave en su respuesta. "Como el lirio entre los espinos, así es mi amiga entre las doncellas (RVR1960)." ¿Ha entendido esto? Está diciendo: "¡Cariño, todas las demás mujeres son como espinos comparadas contigo! ¡Tú eres la única rosa!"

Ella se transforma al instante de estar centrada en sí misma, ¡a enfocarse en Salomón! Sus palabras le han hecho sabio, amable y confiable en el corazón de ella. Como resultado, responde del mismo modo.

> Como el manzano entre los árboles silvestres, así es mi amado entre los jóvenes; bajo la sombra del deseado me senté, y su fruto fue dulce a mi paladar. Me llevó a la casa del banquete, y su bandera sobre mí fue amor. Sustentadme con pasas, confortadme con manzanas; Porque estoy enferma de amor. Su izquierda esté debajo de mi cabeza, y su derecha me abrace (2:3-6, RVR1960).

¿Un manzano entre árboles silvestres? ¿Cuántos manzanos crecen sin ser cuidados entre los árboles silvestres? ¡No muchos! Ella está diciendo: "Mi rey, ¡tú eres uno entre un millón!" Se ha producido una transición maravillosa en la interacción entre ambos. Esto señala a algo que se ha demostrado sistemáticamente: la confianza es el rasgo en una relación que hace que las mujeres alcancen la realización sexual. Una esposa que confía en su esposo con todo su corazón le anhelará con su cuerpo. Las palabras de Salomón han viajado desde los oídos hasta el corazón de ella.

Ella mira a su alrededor y se da cuenta de lo afortunada que es. Recuerda que él la ha llevado a su salón de banquetes, y que su bandera sobre ella es amor. Es muy probable que en este momento ella esté en la cámara que el rey ha diseñado y hecho especialmente para ella. Quizá ella se haya subido a la cama en medio de la habitación que él construyó para ella. Yo (Pam) me la imagino cayéndose de espaldas, con los brazos abiertos, invitando a su esposo a unirse a ella mientras ella alza su vista y se da cuenta de la atención que él ha prestado a todos los detalles que la harán sentirse en casa. Quizá había traído madera de la ciudad natal de ella y plantas del rancho del padre de ella. Los ojos de ella finalmente se han apartado de sí misma para enfocarse en el hombre que merece toda su atención. Cuando ella dice: "Y su bandera sobre mí fue amor", podría estar aludiendo al hecho de que la mejor parte de esta nueva casa es que su esposo esté ahí.

Ella continúa usando imágenes con palabras que comunican su deseo de intimidad sexual. Habla acerca de manzanas y pasas y de lo hambrienta que está, "enferma de amor". Está lanzando pistas de que se muere de ganas de sexo del mismo modo que anhela su comida favorita.

Después hace los halagos que todo marido anhela oír. ¡Le dice que es un gran amante! "Su izquierda esté debajo de mi cabeza, y su derecha me abrace." Es muy probable que estuviera diciendo: "Cariño, me encanta cuando…" Su brazo izquierdo está debajo de ella, acariciando su cabeza, mientras su brazo derecho la abraza, avanzando a los lugares que le producen placer y estimulación.

A los hombres les encanta oír que son buenos amantes, pero hacer el amor no es algo que se produce instintivamente. A medida que crece la relación, la interacción sexual se convierte en algo más relacional y menos atlético. Por eso las parejas que hablan sobre su relación sexual de manera regular logran más satisfacción en su interacción íntima. Por eso también las parejas que oran juntas diariamente evalúan su satisfacción sexual muy alta. Cuando más relacional sea la pareja, más intima será su expresión sexual. Sabiendo esto, nosotros apartamos un tiempo cada año como parte de nuestra celebración de aniversario para hablar de nuestra vida sexual. Hacemos preguntas como estas:

- ¿Qué te gusta de nuestra vida sexual?
- ¿Cuál fue la parte más interesante de nuestra interacción sexual durante el año pasado?
- ¿Qué hicimos juntos que esperas que volvamos a hacer?
- ¿Qué hicimos juntos que preferirías no volver a hacer?
- ¿Hay algo que te gustaría probar (o volver a intentar) este año que te haría sentirte más amado?

Te amo de la cabeza a los pies

Salomón había entendido que las palabras son afrodisiacos muy potentes. Como resultado, enumera de manera muy explícita las seductoras cualidades físicas de su esposa de la cabeza a los pies.

> He aquí que tú eres hermosa, amiga mía; he aquí que tú eres hermosa; tus ojos entre tus guedejas como de paloma; tus cabellos como manada de cabras que se recuestan en las laderas de Galaad (4:1, RVR1960).

Esta es su manera de decir que su cabello descendía de manera hermosa por su cuerpo, y su ojos puros y hermosos miraban furtivamente desde debajo de su cascada de cabello. Las cabras a las que se refiere aquí eran las que tienen el pelo negro brillante como la seda.[1]

> Tus dientes como manadas de ovejas trasquiladas, que suben del lavadero, todas con crías gemelas, y ninguna entre ellas estéril. Tus labios como hilo de grana, y tu habla hermosa (4:2-3, RVR1960).

La alusión a sus dientes significaba que eran blancos y no le faltaba ninguno. Esto tiene sentido porque el siguiente lugar al que mira Salomón es su encantadora boca, la cual compara con un hilo de grana. Es muy probable que Salomón esté besando y acariciándola mientras continúa su viaje de admiración. Pasa de mirar a los preliminares en este momento.

> Tus mejillas, como cachos de granada detrás de tu velo. Tu cuello, como la torre de David, edificada para armería; mil escudos están colgados en ella, todos escudos de valientes (4:3-4, RVR1960).

Sus mejillas como granadas muestran que tenía mejillas rosadas. Su cuello como una torre explicaba que se había dado cuenta de su postura regia y erecta. Las referencias a los escudos dan la idea de que él buscaba en ella fortaleza.

> Tus dos pechos, como gemelos de gacela, que se apacientan entre lirios (4:5, RVR1960).

La alusión a sus pechos se puede entender mejor conociendo algo sobre las gacelas. Son animales delicados, suaves al tacto y de dos tonos, blanco y marrón más oscuro. Son juguetonas y a la vez muy elegantes y tranquilas. También se les servía a los reyes como una exquisitez. Con esto en mente, Salomón probablemente se estaba deleitando tocándola y besándola mientras admiraba su forma. En Proverbios 5:18-19, Salomón escribe sabias palabras de consejo: "Y alégrate con la mujer de tu juventud... Sus caricias te satisfagan en todo tiempo, y en su amor recréate siempre (RVR1960)."

Como a los hombres esta parte del cuerpo de la mujer les parece juguetona y la vez tranquila, se pueden experimentar varios estados de ánimo mientras se disfruta haciendo el amor. Salomón no apresura el proceso, sino que continúa con los preliminares. "Hasta que apunte el día y huyan las sombras, me iré al monte de la mirra, y al collado del incienso" (Cantar de los Cantares 4:6, RVR1960).

Esta referencia se puede decodificar mediante las otras referencias de este libro. Se hace referencia a los genitales femeninos como a un jardín, y los olores a los que hace referencia son incienso y mirra.[2] Aquí, él comienza los preliminares genitales. Mientras continúa acariciando, sigue expresando también verbalmente su amor:

> Toda tú eres hermosa, amiga mía, y en ti no hay mancha. Ven conmigo desde el Líbano, oh esposa mía; ven conmigo desde el Líbano. Mira desde la cumbre de Amana, desde la cumbre de Senir y de Hermón, desde las guaridas de los leones, desde los montes de los leopardos. Prendiste mi corazón, hermana, esposa mía; has apresado mi corazón con uno de tus ojos, con una gargantilla de tu cuello. ¡Cuán hermosos son tus amores, hermana, esposa mía! ¡Cuánto mejores que el vino tus amores, y el olor de tus ungüentos que todas las especias aromáticas! Como panal de miel destilan tus labios, oh esposa; miel y leche hay debajo de tu lengua; y el olor de tus vestidos como el olor del Líbano (4:7-11, RVR1960).

Con descripciones de lugares hermosos, él le dice que ella es asombrosa. Ella hace que su corazón lata más deprisa. El amor de ella es mejor que el vino. Sus aceites o aromas naturales son mejores que cualquier aroma de la naturaleza o creado por el hombre. La leche y la miel bajo la lengua de ella le dice que a él le encantan sus besos.

> Huerto cerrado eres, hermana mía, esposa mía; fuente cerrada, fuente sellada. Tus renuevos son paraíso de granados, con frutos suaves, de flores de alheña y nardos; nardo y azafrán, caña aromática y canela, con todos los árboles de incienso; mirra y áloes, con todas las principales especias aromáticas (4:12-14).

Esta es de nuevo una alusión a su jardín. El hecho de que él note que el jardín estaba sellado significaba que se había guardado solo para él y que no se había entregado antes a nadie. Todas las referencias a las plantas eran acerca de plantas aromáticas, así que de nuevo él la halaga por sus aromas naturales procedentes de su excitación como muy agradables para él. Salomón aparentemente dedicó un buen tiempo a inundarla de alabanzas verbales y toque físico.

Los estudios científicos han mostrado claramente que la excitación es distinta entre hombres y mujeres.[3] Las mujeres tardan más tiempo en excitarse y se relajan más lentamente después de hacer el amor. Los hombres llegan a la excitación sexual mucho antes. Después, casi inmediatamente después del acto sexual, caen en un estado de éxtasis de relajación. Salomón tuvo cuidado en proceder a un ritmo cómodo para su esposa, y cosechó el beneficio del sexo reconfortante también. Este tipo de esposo consigue una esposa que busca y desea hacer el amor. Ya no más chistes de "Me duele la cabeza". No, esta amante no necesita pastillas para el dolor ¡cuando tiene un hombre atento! Ella anhela ser de Salomón.

> ¡Oh, si él me besara con besos de su boca! Porque mejores son tus amores que el vino. A más del olor de tus suaves ungüentos, tu nombre es como ungüento

> derramado; por eso las doncellas te aman. Atráeme; en pos de ti correremos. El rey me ha metido en sus cámaras (1:2-4, RVR1960).

¿Entendieron la última frase? *Ella* está diciendo: "Ven aquí, cariño, ¡tengo prisa!" Sus besos saben mejor que el vino. Él es el rey, ella puede tener el mejor vino, ¡y aun así él es mejor! Su fragancia es mejor que el mejor de los perfumes. Él puede permitirse el lujo de tener Chanel personalizado y la mejor fragancia de los lugares más exóticos, y aun así ella dice que él huele mejor. Después, ella hace el máximo halago para el ego masculino: "Por eso las doncellas te aman. Atráeme." Después le toma de su mano y le mete en la cama. ¡Ella está lista!

Su amor necesita "segundos intentos"

Pero como con todas las relaciones íntimas, los intentos de esta pareja por seducirse mutuamente no siempre salen bien. Poco después de un gran tiempo juntos, vemos que la sulamita puede ser variable. Quizá fuera el SPM. Quizá una de sus amigas le susurró algún comentario cortante. Quizá estaba decepcionada por alguna decisión. O quizá estaba molesta por las tareas del rey que demandaban su atención, pero una noche cuando el rey llegó llamando a la puerta, ella no respondió bien.

> Ábreme, hermana mía, amiga mía, paloma mía, perfecta mía, porque mi cabeza está llena de rocío, mis cabellos de las gotas de la noche (5:2, RVR1960).

Él llamó y expresó su pasión. Para llegar a los aposentos de ella, el rey tuvo que cruzar un patio que le llevaba al exterior. Como resultado, su cabeza estaba cubierta de rocío del aire de la noche.

Él, el rey, salió. Hizo todo el recorrido para hacer el amor con su esposa, ¡y ella no le respondió con buena actitud! "Me he desnudado de mi ropa; ¿cómo me he de vestir? He lavado mis pies; ¿cómo los he de ensuciar?" (5:3, RVR1960).

Ella ya estaba en la cama y no quiso salir. Puede que estuviera cansada, o puede que no estuviera de buen humor, pero de cualquier forma, ella claramente no quiso que la molestasen. Su cámara no tenía calefacción central, y ya se había desnudado y estaba bajo las sábanas. El piso era probablemente de tierra, y quizá pensaba: "Acabo de lavarme los pies, ¡y quiere que camine por este piso sucio para abrir la puerta! ¡No pienso hacerlo!"

Después ella comienza a darse cuenta de su error mientras le ve intentando abrir la puerta él mismo. Él tiene un gran deseo de estar con ella, así que lo intenta una vez más. Frustrado, finalmente se rinde y se va. En ese momento, el corazón de ella late por él al darse cuenta de que ese es exactamente el tipo de interés que ella quiere que él le muestre. Apurada de deseo, corre por el piso para abrirle la puerta.

> Mi amado metió su mano por la ventanilla, y mi corazón se conmovió dentro de mí. Yo me levanté para abrir a mi amado, y mis manos gotearon mirra, y mis dedos mirra, que corría sobre la manecilla del cerrojo. Abrí yo a mi amado; pero mi amado se había ido, había ya pasado; y tras su hablar salió mi alma (5:4-6, RVR1960).

Todas las parejas experimentan momentos como ese. Ustedes piensan que esta noche va a ser una de sus mejores noches juntos. Sueñan con los recuerdos que desarrollarán en su relación debido a la emoción que está en camino. Entonces todo se desvanece. La decepción sobrepasa a la pasión. Pero tenemos buenas noticias. La vida está llena de segundos intentos. Hemos recibido un deseo sexual inagotable. Todos estamos hechos con un deseo intenso de amar y ser amados. Por lo tanto, se puede producir un cambio en su relación en cualquier momento. El deseo de estar juntos se puede encender al instante.

Cuando la sulamita se da cuenta de que se va a perder un gran tiempo con su amante, cambia de idea, se levanta y ve que él ha dejado mirra en la manivela de la puerta. La mirra era una especia que se consideraba un afrodisiaco natural. Ella va detrás de él.

> Lo busqué, y no lo hallé; lo llamé, y no me respondió. Me hallaron los guardas que rondan la ciudad; me golpearon, me hirieron; me quitaron mi manto de encima los guardas de los muros. Yo os conjuro, oh doncellas de Jerusalén, si halláis a mi amado, que le hagáis saber que estoy enferma de amor (5:6-8, RVR1960).

Ella fue a buscarlo. Buscó con intensidad, incluso perdió su manto y su mala actitud. Estaba desesperada por encontrarlo. Decidió mientras regresaba a su habitación prepararse mentalmente para estar lista para hacer el amor cuando él regresara. Comienza a pensar en él de pies a cabeza, meditando en sus mejores cualidades:

> Mi amado es blanco y rubio, señalado entre diez mil. Su cabeza como oro finísimo; sus cabellos crespos, negros como el cuervo. Sus ojos, como palomas junto a los arroyos de las aguas, que se lavan con leche, y a la perfección colocados. Sus mejillas, como una era de especias aromáticas, como fragantes flores; sus labios, como lirios que destilan mirra fragante. Sus manos, como anillos de oro engastados de jacintos; su cuerpo, como claro marfil cubierto de zafiros. Sus piernas,

> como columnas de mármol fundadas sobre basas de oro fino; su aspecto como el Líbano, escogido como los cedros. Su paladar, dulcísimo, y todo él codiciable. Tal es mi amado, tal es mi amigo, oh doncellas de Jerusalén (5:10-16, RVR1960).

Ella dice que es blanco y rubio, lo cual significa atractivo y saludable. También destaca que sobresale entre los hombres. Comenta sobre su cabello rizado y negro y dice que son como un puñado de dátiles. Ella continúa hacia abajo en su mente y recuerda sus ojos como palomas que se lavan con leche. Este es un símbolo de pureza atribuida a otro.

Sus mejillas son como una cama de bálsamo, y sus labios son lirios que destilan mirra. El bálsamo probablemente se refiera a la costumbre de perfumar la barba. Los lirios probablemente sean rojos, y la mirra hace referencia a su dulce aliento a menudo provocado por masticar hierba.[4]

En su sueño despierta dibuja su cuerpo. Sus brazos son varas de oro arregladas con jacintos, lo cual significa que son fuertes y que tiene uñas rosas transparentes. Su abdomen es marfil con incrustaciones de zafiros. Por la referencia a la talla, es muy probable que fuera atlético y con una buena definición muscular.

Continúa bajando por sus piernas de mármol puestas sobre pilares de oro. La parte del mármol probablemente es la parte de los lomos donde las piernas se separan, y los pilares son sus fuertes piernas. La referencia a los cedros escogidos también muestra los sentimientos que ella tiene de valorar su fortaleza y masculinidad.

Después declara su adoración por su boca dulcísima. Ella se sintió atraída a él no solo por su aspecto, sino por sus palabras amables y gentiles. Dice muy claramente las dos razones por las que le extraña: "Tal es mi amado, tal es mi amigo."

Los hombres raras veces confiesan lo mucho que les encanta saber cuándo sus esposas les extrañan sexualmente y están dispuestas a ser juguetonas y perseguirlos. Por lo general, el remedio más sencillo para una esposa que ha perdido la pasión por su esposo es que piense en los atributos positivos de su esposo y le diga que le quiere. Cuando ella se enfoca en las características buenas de su esposo, la asertividad sexual aumenta naturalmente en vez de a través de una imitación artificial o las fantasías de Hollywood.

En esos raros días cuando la vida va un poco más lenta, yo (Pam) puedo fácilmente desear y perseguir a Bill porque he pasado tiempo a solas admirándole. En otros días más locos, tengo que escoger enfocar mis distraídos pensamientos en Bill y mi deseo de estar con él.

Desearía que recordar a Bill románticamente fuera algo fácil y natural, pero a menudo tengo que dirigir mis pensamientos. Llevo su fotografía en mi llavero. Quizá le llamo rápidamente a su oficina para decirle un "te quiero". Cuando me cambio de ropa, quizá saco su traje del armario solo para oler la fragancia impregnada de su colonia. Pongo las notitas que me ha dado a mano para poder leerlas una o dos veces. Pero con diferencia, la mejor forma de preparar mi corazón para disfrutar de Bill es tomarme un minuto tranquilo en el automóvil o en mi despacho, cerrar mis ojos y recordar uno de nuestros momentos íntimos especiales. Cuando viajo, a veces tomo alguna de las camisas de vestir de Bill que se ha puesto durante solo unas horas, y duermo sobre ella. Mantiene mi corazón conectado al suyo, y mi mente y cuerpo están más preparados para el reencuentro. Escoger poner a un lado mis distracciones y enfocar mis pensamientos en Bill acerca mi corazón al suyo.

El regalo de la anticipación

En el capítulo 2 de El Cantar de los Cantares vemos a esta joven pareja en un juego romántico entre los dos.

> Mi amado es semejante al corzo, o al cervatillo. Helo aquí, está tras nuestra pared, mirando por las ventanas, atisbando por las celosías. Mi amado habló, y me dijo: Levántate, oh amiga mía, hermosa mía, y ven (2:9-10, RVR1960).

El rey Salomón está de camino de regreso de un viaje cuando la sulamita se asoma y lo ve en el horizonte. En su emoción, lo ve como un corzo que salta por las colinas para llegar a ella. Pero Salomón es un rey, un verdadero hombre ¡Él no salta! Puede que corra muy rápido, más despacio o que ataque, pero seguro que no salta. Pero anticipando su reunión, ella lo ve como un joven cervatillo saltando de alegría. Cuando llega, él la sigue el juego corriendo de una ventana a otra, intentando captar su atención. ¿Cuál es el gran acontecimiento en el que están a punto de embarcarse que suscita tal anticipación? ¡Van a dar un paseo! Eso es. La primavera ha llegado, y la granja de los padres de ella está en plena floración. Su gran cita consiste en un paseo alrededor de la hacienda familiar para ver las flores. Sus esfuerzos por aumentar la anticipación, sin embargo, hacen que este evento sea un tiempo memorable para ambos.

Después de uno de mis viajes, quise sorprender a Bill con algo extra especial. Había regresado justo antes de un servicio en la noche en la iglesia que Bill pastoreaba. Fui corriendo a casa y me puse uno de los vestidos favoritos de Bill. Escribí en una tarjetita los lugares favoritos en los que Bill y yo habíamos disfrutado sexualmente. Entré a mitad del servicio en la iglesia mientras Bill se dirigía hacia el púlpito. Le di un beso y metí la tarjeta en su bolsillo. Él pensó que le había dado un anuncio que dar a la congregación. Así que sacó la tarjeta, la leyó para sí en silencio (¡gracias a Dios!), y se puso un poco colorado. Después me guiñó un ojo, ¡y dio *el sermón más corto de la historia!*

Salomón y su esposa usaron palabras en código para la sexualidad a fin de crear anticipación. Por ejemplo, todas las referencias al "huerto" son referencias al órgano sexual femenino. Ella dice: "Mi amado descendió a su huerto, a las eras de las especias, para apacentar en los huertos, y para recoger los lirios. Yo soy de mi amado, y mi amado es mío; el apacienta entre los lirios" (6:3).

Es como si estuviera diciendo: "Cariño, tú eres mío y yo soy tuya. Confío totalmente en ti. Por supuesto, tómate tu tiempo; haz lo que quieras conmigo. Estoy relajada y confiada en tu amor por mí."

Palabra código para *amor*

Animamos a las parejas a tener palabras código que usen para indicar que desean una interacción sexual. Esto es especialmente útil cuando ya tienen hijos.

Un matrimonio compartió cómo evolucionó su palabra código. Eran padres de un par de niños pequeños, y la vida era un tanto estresante. La hermana del marido, que estaba soltera, se ofreció como voluntaria para cuidar de los niños para que su hermano y su cuñada pudieran salir juntos. La relación era bastante tensa, así que la mayor parte de la cita la pasaron caminando y hablando en el lago cercano. La pareja hizo un picnic y después hablaron de los asuntos de la vida mientras alimentaban a los patos. Cuando regresaron a casa de su cuñada para recoger a los niños, ella preguntó: «¿Qué tal ha ido todo?»

Su hermano dijo: «Todo bien. Genial. Gracias.»

«Genial, ¿eh?», sonrió ella, y el hermano entendió que su hermana pensó que *genial* significaba que habían dedicado el tiempo al sexo.

Él respondió: «Tan solo hablamos y dimos de comer a los patos."

«Dar de comer a los patos, ¿eh?», sonrió ella.

El papá reunió a los niños y se dirigió hacia el automóvil para reunirse con su esposa. Cuando los niños estaban acostados, él explicó que su hermana pensó que *dar de comer a los patos* era una frase código para el sexo. Ella respondió: «Entonces, ¿quieres dar de comer a los patos?» Durante años, esta pareja ha estado alimentando felizmente a los patos.

Un matrimonio que conocemos compra una vela en cada lugar al que viajan. Cuando uno de ellos tiene ganas, ¡es muy probable que el otro se encuentre todas esas velas encendidas! "Encenderé las velas" es su código.

Nuestra palabra código más reciente nació de nuestro libro *Los hombres son como waffles, las mujeres como espaguetis*. Para entender la palabra código, tiene que tener una pequeña idea del significado del título del libro.

Los hombres son como waffles. Los hombres procesan la vida en cajas. Un *waffle* es una colección de cajas separadas por paredes. Las cajas están todas separadas una de otra y forman lugares de almacenamiento. Así es como un hombre por lo general procesa la vida. El pensamiento de un hombre está dividido en cajas que solo tienen espacio para un asunto. El primer asunto de la vida va en la primera caja, el segundo va en la segunda caja, y así sucesivamente. El típico hombre pasa tiempo solamente en una caja a la vez. Cuando un hombre está trabajando, está trabajando. Cuando está en el garaje chapuceando, está en el garaje chapuceando.

Cuando está viendo la televisión, tan solo está viendo la televisión. Los sociólogos llaman a esto *compartimentar*.

Las mujeres son como espaguetis. A diferencia del enfoque de los hombres al estilo *waffle*, las mujeres procesan la vida de modo más parecido a un plato de espaguetis. Si mira un plato de espaguetis, observará que cada uno de los espaguetis se toca entre sí. Si intenta seguir un espagueti por el plato, se cruzará con otros muchos, y fácilmente puede pasarse a otro espagueti sin problema alguno. Así es como a menudo las mujeres afrontan la vida. Cada pensamiento y asunto está conectado a los demás pensamientos y asuntos de alguna manera. La vida es mucho más como un proceso para las mujeres que para los hombres. Por eso las mujeres por lo general son mejores que los hombres haciendo múltiples tareas. Una mujer puede hablar por teléfono, preparar la comida, hacer la lista de la compra, trabajar en la reunión de trabajo de mañana, dar instrucciones a sus hijos mientras salen a jugar, y cerrar la puerta con el pie, todo sin saltarse nada.

Cuando las mujeres están bajo estrés, les gusta hablar durante el estrés, a menudo saltando de un tema a otro. Los hombres, por el contrario, optan por ir a sus cajas favoritas para recargarse. La mayor parte de las cajas fáciles favoritas de los hombres suelen tener curiosamente forma de caja también: la televisión, la pantalla de la computadora, el periódico, el campo de fútbol, la cancha de baloncesto, el campo de béisbol, la pista de tenis, el garaje, la nevera ¡y la cama! La caja de la cama, la caja del sexo, es como esa casilla libre en un cartón de bingo. ¡Un esposo puede ir a la caja del sexo desde cualquier otra casilla de su *waffle*!

Después de compartir esto en una conferencia, siempre que hacíamos referencia al sexo, la audiencia respondía diciendo: "¡Bingo!" Durante el tiempo libre del sábado por la tarde, un matrimonio fue a comprar y nos trajo un regalo que nos pidió que abriésemos delante de la multitud. Una nota decía: "¡Nacido para el bingo!" Así que ahora en nuestra casa, cuando uno de los dos se siente amoroso pregunta: "¿Quieres jugar al bingo?"

El regalo de la aventura

Cantar de los Cantares 2 comienza con un paseo, pero termina con la sulamita buscando confiadamente una aventura con su esposo. Después de que la esposa de Salomón pase el día soñando con su amor, establece un plan de juego. Como fue ella quien le rechazó, ahora es la que persigue.

Cuando él entra, ella está bailando. En la cultura hebrea, bailar está siempre conectado al gozo. La esposa estaba gozosa porque su amante y amigo estaba en casa. Salomón se llenó de gozo por la bienvenida. La alaba verbalmente (esta vez de pies a cabeza) mientras ella danza. "¡Cuán hermosos son tus pies en las sandalias, oh hija de príncipe! Los contornos de tus muslos son como joyas, obra de mano de excelente maestro" (7:1, RVR1960).

Algunos comentaristas creen que ese podría haber sido un baile seductor. Como Salomón está enumerando todos sus asombrosos rasgos físicos, puede que estuviera muy cerca de ella, y ella quizá también se estuviera desvistiendo para darle una mejor vista. Al margen de los detalles, claramente ella le está invitando a acercarse. ¿Cómo invita usted a su cónyuge? El Cantar de los Cantares termina con la sulamita siendo muy atrevida.

> Y tu paladar como el buen vino, que se entra a mi amado suavemente, y hace hablar los labios de los viejos. Yo soy de mi amado, y conmigo tiene su contentamiento. Ven, oh amado mío, salgamos al campo, moremos en las aldeas. Levantémonos de mañana a las viñas; veamos

> si brotan las vides, si están en cierne, si han florecido los granados; allí te daré mis amores. Las mandrágoras han dado olor, y a nuestras puertas hay toda suerte de dulces frutas, nuevas y añejas, que para ti, oh amado mío, he guardado (7:9-13, RVR1960).

Ella quiere ir al campo para hacer el amor, y explica que hacer el amor incluirá tanto lo "nuevo como lo viejo". Está pensando incluir las mejores experiencias del pasado junto con algunas ideas nuevas para provocar interés en él. Este pasaje expresa su crecimiento como amante. Ella ha pasado de ser tímida, introvertida y enfocada en sí misma a aventurera, abierta a nuevas ideas y, lo más importante, más enfocada en su esposo.

El Cantar de los Cantares muestra que Dios da bastante latitud en la relación sexual matrimonial. Hemos encontrado tres principios guía principales que establecen el fundamento para dar los tres mejores regalos del placer sexual. Los regalos de admiración, anticipación y aventura funcionan mejor dentro de las barreras que se indican abajo, y cuando estas tres cosas se tienen en mente, es fácil decir "¡Sí!":

1. En lo que se hace en el dormitorio, ambos deben estar de acuerdo. El amor nunca fuerza a hacer nada.

2. Se debe *hacer en amor*. El objetivo no es simplemente realizar un acto. Es profundizar en la relación.

3. El sexo es algo *solo entre ustedes dos*. La Biblia es clara en que el sexo se debe disfrutar entre un esposo y su esposa. No están permitidos ni otras personas ni falsificaciones (como la pornografía).

El romance al rescate

Si quieren mantener su sexo sugerente después de terminar este estudio, consigan nuestro libro *Red-Hot Monogamy* (Harvest House), el cual incluye más de 200 ideas de sexo y romance ardiente. *Red-Hot Monogamy* es una guía de ocho semanas para llevar su vida sexual al primer frente de su vida. Para hacer de nuestra vida sexual una prioridad, hemos descubierto que es útil planear algunos de nuestros tiempos sexuales juntos. Una vez a la semana en nuestros calendarios, hemos escrito MA (nuestro código para Monogamia Ardiente), así que si alguien nos pide una cita, podemos decir sinceramente: "Lo siento, ya tengo algo en la agenda." ¡Solo ustedes dos tienen que saber que la cita en la agenda es para MA!

Una de las ideas previas para una cita con el fin de mantener el sexo seductor es crear citas temáticas. A Pam le encantan las citas temáticas. A algunos de nuestros lectores y audiencias también parecen gustarles. Un hombre quería consolar a su esposa cuando sus padres se divorciaron, así que la llevó a una cita donde el tema era *Siempre*. Llenó el salón con globos de helio, y en la parte inferior de cada uno de ellos estaba la palabra *Siempre*. Durante la cena, él le dio una pulsera grabada con la palabra *Siempre* en el frente. En el reverso había grabado su fecha de boda y: "Hasta que la muerte nos separe". Bailó con ella la canción "Siempre y por la eternidad", y vieron la película *Always* (Para siempre). Al final de la noche ella estaba segura de que él siempre estaría a su lado.

Otro hombre hizo una tarjeta de agradecimiento donde él y su esposa revivían algunos de los mejores momentos de su matrimonio. Con cada parte de la cita, él le daba una tarjeta de agradecimiento con una pieza de un rompecabezas dentro. A medida que progresaba la cita, el rompecabezas era una imagen de un globo aerostático. El último agradecimiento contenía la dirección para un lugar donde les esperaba un globo aerostático. Las palabras "Tu amor me hizo volar más alto" estaban escritas a mano en la tarjeta.

A menudo animamos a las parejas en crisis a volver a visitar sus inicios: el primer lugar donde usted le dijo "Te amo", el lugar donde se besaron por primera vez, el lugar donde tuvieron su primera cita, el lugar de su luna de miel. Nada es más eficaz para encender de nuevo su amor que darse cuenta de lo que han invertido en la relación. ¡Tener una cita de inicios les asegura que esa no será su última vez!

Después está la escapada del tipo "¡Bien! ¡Te quiero!" que nuestra cuñada le dio al hermano de Pam, Bret, como regalo de cumpleaños. Bret es un verdadero vaquero. No solo se viste como uno, sino que también ata, marca y conduce al ganado, pero solo los fines de semana. Durante la semana, trabaja en la industria petrolífera, pero su sueño es un día tener un rancho propio y ser un ranchero a tiempo completo. Como regalo a su hombre durante media vida, su esposa le llevó a la final nacional de rodeo. Llevaban botas y compraron en todas la tiendecitas de vaqueros. Comieron comida del sur todas las noches y escuchaban música country en la radio.

Pam creó una cita del tipo "Permíteme que te lleve por ahí" cuando estábamos bajo una gran cantidad de estrés. Nuestras vacaciones más relajantes habían sido en Kauai, y siempre habíamos querido regresar allí. Ni el tiempo ni las circunstancias de la vida, ni nuestra cuenta bancaria estaban cooperando, así que Pam me trajo las islas a casa. Cuando estuvimos allí la primera vez, anotó la dirección de Hilo Hattie, y pidió algunas lociones y mantequilla de cacahuate para un buen masaje. Había comprado algo de música de isla por 4,99 dólares en una oferta de una tienda. Tomó prestadas algunas plantas y extendió toallas de playa en el salón. Después se puso su bañador y pareo, ¡y tuvimos una fiesta hawaiana!

En otra ocasión, Pam tuvo que viajar a Japón para hablar a unos líderes, esposas de pastores y misioneras, así que mientras estaba allí hizo los preparativos para una cita soñada, estilo Tokio. Trajo a casa música tradicional japonesa, una lámpara de papel japonesa y un conjunto de kimonos masculino y femenino. Me saludó en el aeropuerto poniendo una moneda japonesa en el bolsillo delantero de mi pantalón y me susurró al oído: "¡Tengo un *yen* para ti!"

En una cita, Pam quería darme las gracias por permitirle estudiar en la universidad (ella dejó de estudiar mientras yo estudiaba en la universidad y mientras comenzábamos a formar nuestra familia). En la cita "Eres mi héroe", me regaló todas mis cosas favoritas. Escribió un artículo atractivo, le incluyó una fotografía, y lo tituló "Nombrado el mejor amante del mundo". (Usted nunca verá ese artículo impreso porque está colgado en la privacidad de nuestro dormitorio.) Me dio mi propia estrella en nuestro paseo de la fama. (Dentro de la estrella había un botón de corbata con la palabra por la que me conocen por decirla cuando predico o enseño y que uso cuando me encuentro con algo que me emociono mucho: "¡Guau!")

Pero con diferencia, nuestra cita romántica más memorable fue una que fue casi un completo desastre. Ciertamente no comenzó como un desastre. Recibí una tarjeta en el correo que decía: "¡Nuestro amor se creó en el cielo! ¡Estoy impaciente por verte esta noche!" Llegué a casa y todos los niños habían desaparecido misteriosamente. Pam les había preparado para pasar la noche en casa de algunos amigos. Eso no era común para una noche a mitad de semana. Pam apareció con un camisón nuevo y luego me sentó en el sofá. Me dio algunos de mis aperitivos favoritos y un café. Después desapareció con un: "Volveré en un momento a buscarte", mientras se fue sensualmente a nuestra habitación.

Pues bien, "en un momento" se convirtió en un buen rato. O bien iba a ser la sorpresa más emocionante que jamás había experimentado hasta entonces en nuestra relación, o algo se había torcido mucho. Según pasaba el tiempo, comencé a debatir cómo debía manejar aquello: *¿Entro en nuestra habitación y me arriesgo a estropear alguna sorpresa que Pam haya preparado para nosotros? No, es un riesgo con demasiadas probabilidades de estropear su estado de ánimo. ¿Cuánto más espero aquí? Si no entro y veo si puedo ayudar, ¿pensará que soy vago e insensible por quedarme aquí sentado comiendo chocolate y bebiendo café?* Por fortuna, mientras debatía esas opciones en mi mente, Pam salió de nuestra habitación. Pude ver la luz de una vela y escuchar música romántica. Pam tenía un aspecto tan increíble como cuando entró treinta minutos antes, pero en su rostro leí desánimo y decepción. ¡No era la mirada que uno quiere ver al comenzar un encuentro íntimo!

Ella me levantó y me llevó a nuestra habitación. Cuando entrábamos pude oír un extraño sonido chisporroteante y sugerente. En la tenue luz miré alrededor y vi varias sartenes de hielo seco y agua por nuestra habitación. Al instante supe lo que Pam estaba intentando hacer. Estaba intentando crear una nube (¡cielo!) en nuestra habitación.

Yo dije: "Ángel (ese es realmente el nombre cariñoso que le puse mucho antes de este incidente del 'cielo'), creo que sé cómo arreglar este problema."

Con una chispa en sus ojos, me dio un gran beso, y luego se tiró en la cama con un "¡Espero que sí sepas!" ¡Yo también! Pensé. Estaba muy motivado para recibir cualquier regalo romántico que Pam había tardado días en preparar. Llevé todo el hielo seco restante al lavabo de nuestra habitación. Después puse el tapón y llené el lavabo con agua caliente. Dejé corriendo el agua caliente lentamente para que se desbordase. Asombrosamente, comenzó a aparecer una nube y se paseó por nuestro piso hasta que llenó nuestra habitación hasta la altura de la cama. ¡Pasamos la noche en el cielo!

Disfrutamos de un perfecto encuentro romántico debido a que Pam pudo usar su increíble creatividad y yo pude ser el héroe y arreglar el problema, ¡algo por lo cual ella quedó expresivamente agradecida!

Una noche después de un encuentro sexual particularmente significativo, yo (Pam) salí de la cama para escribir un poema que Bill encontraría al día siguiente en su espejo:

¡Tú eres el ganador!
¡Indiscutible!
¡Sin restricciones!
Manos abajo,
A través de la portería.
Fuera del parque.
Solo una red,
Una bandera a cuadros,
Una medalla de oro,
Ganaste mi corazón,
¡Ganador!

Ustedes también tienen un amor creado en el cielo. Sea un ángel y dé los regalos de admiración, anticipación y aventura, ¡y descubrirán lo celestial que el sexo tenía intención de ser! ¡Ustedes también se sentirán vencedores!

A menudo, el remedio para la falta de interés o disfunción sexual es crear un entorno de amor y aceptación mediante una comunicación amable. Incluso en el caso de una complicación médica, las soluciones llegan más fáciles en un entorno de aceptación. Intenten uno de estos ejercicios para crear una atmósfera más agradable para hacer el amor:

El regalo de la admiración. Durante los próximos días, preparen "regalos de alabanza" diseñados para animar al otro en el área de la inseguridad. Unos pocos días después, en una cita nocturna predeterminada, entréguense los regalos de alabanza. Por ejemplo, si la esposa se siente insegura por el tamaño de sus pechos, el marido podría centrar su atención durante el acto en los pechos, acariciando y halagándola mientras hacen el amor. O si el esposo está perdiendo la confianza porque le cuesta mantener la erección o tiene una lenta eyaculación, la esposa puede enfocarse en acariciar y besar todo el cuerpo de su esposo. Su enfoque también debería estar en lo mucho que le aprecia como persona. Ella podría conectar así atributos físicos y emocionales: "Me encantan las manos tan fuertes que tienes. Me recuerdan lo segura que me siento cuando me tienes entre tus brazos."

El regalo de la anticipación. Lean juntos el Cantar de los Cantares. O usen el ejemplo de Salomón y la sulamita de alabarse el uno al otro de la cabeza a los pies. Den el don de palabras de ánimo que establecerá el tono para anticipar hacer el amor. O seleccionen una palabra código que puedan susurrarse cuando estén interesados.

El regalo de la aventura. Hablen sobre lo que les gusta y lo que les gustaría intentar los próximos meses. Lancen sus ideas, pero no hagan de ellas una lista de expectativas. Den la libertad a su cónyuge de guardar la idea y sorprenderle con ella, o no usarla nunca. Compartan las ideas en una sesión de tormenta de ideas y luego confíe en que su cónyuge la implementará cuando considere que es momento.

Cómo obtener permiso para ir a jugar al golf

Cuatro amigos casados fueron a jugar al golf. Durante el cuarto hoyo, se produjo la siguiente conversación:

El primer amigo: «No tienen idea de lo que tuve que hacer para poder venir a jugar al golf este fin de semana. Tuve que prometerle a mi esposa que pintaré todas las habitaciones de la casa el fin de semana que viene.»

El segundo amigo: «Eso no es nada. Yo tuve que prometerle a mi esposa que construiría un porche nuevo para la piscina.»

El tercer amigo: «Callen, ¡ambos lo han tenido fácil! Yo tuve que prometer a mi esposa que remodelaría toda la cocina para ella.»

Mientras continuaban jugando el hoyo, el cuarto amigo no dijo ni una palabra. Finalmente, los demás le preguntaron: «Tú no has dicho nada respecto a lo que has tenido que hacer para poder venir a jugar al golf este fin de semana. ¿Qué has hecho?»

El cuarto amigo: «Yo solo puse mi despertador a las cinco y media de la mañana. Cuando sonó, lo apagué, le di un codazo a mi esposa, y dije: '¿Jugar al golf o hacer el amor?', y me dijo: 'Llévate el jersey, cariño'.»

7

Decidan descubrir la motivación en la vida de su cónyuge

El amor no se enoja fácilmente.

Para estar feliz con un hombre, debe entenderle mucho y amarle un poco. Para estar feliz con una mujer, debe amarla mucho y no intentar entenderla nada.

A mí (Pam) me encanta este capítulo! ¡Me hace sentir como me siento cuando encuentro una nueva tienda de calzado llena de descuentos! Me siento como si estuviera dentro de una tienda de dulces u hojeando libros en una librería o en una tienda Hallmark. Este capítulo está lleno de ideas.

Este capítulo no habría sido como es si lo hubiera escrito Bill. A él le preocupa que pudiera ser demasiado hueco, como la versión abreviada de un libro. Piensa que es la compilación "CliffsNotes para las relaciones".

¡Y me encanta exactamente por eso! Este capítulo es "CliffsNotes sobre el amor". Es una muestra de mucha información estupenda que le da opciones. Esta información es fácil de usar pero a la vez profunda. Es suficientemente sencilla para poder aplicar la información de inmediato. Al mismo tiempo, es suficientemente profunda para que pueda invertir en los recursos descritos en cada sección del capítulo y estudiarlos durante el resto de su vida.

Cada verano, cuando era pequeña, pasaba tiempo leyendo las versiones condensadas de la revista popular *Selecciones del Reader's Digest*. De acuerdo, ya sé que no voy a ir a estudiar derecho a Harvard haciendo eso, pero ¿cuántos necesitamos ir a estudiar derecho a Harvard? Lo único que necesitamos son buenas herramientas que podamos sacar y usar cuando las necesitemos, ¿no es cierto?

Piense en este capítulo como un garaje. Contiene una colección de herramientas para ayudarle a descubrir más acerca de su pareja. Estas herramientas afectan a su nivel de motivación y eficacia a la hora de expresar su amor. Cuando experimenten un momento de calma en su relación, pueden sacar una de estas herramientas y volver a añadir energía a su hogar.

Haría cualquier cosa por ti

Se nos cuenta una preciosa historia de un matrimonio que ha estado enamorada toda una vida. El hombre siempre está buscando maneras de sorprender a su esposa porque sabe que le encantan las sorpresas. Cada vez que él la sorprende, ella se enamora más de él. Su hija, con agrado y afecto, contó esta historia de amor:

> El año pasado papá decidió conseguir una computadora para mamá en Navidad. Como sabe muy poco de computadoras, papá contactó con un conocido vendedor de computadoras cuando vio un anuncio de un equipo a un precio magnífico.

Para que el regalo fuera una sorpresa, papá pidió que le enviaran la computadora a la dirección del trabajo de mi hermana Cindy. Pensarán que esto no fue algo extraño, especialmente cuando se aproximaba la Navidad y con esa oferta aún en plazo. Después de más de una hora al teléfono, mi papá colgó y se dio cuenta de que la dirección de entrega que había dado era ligeramente distinta de la dirección que había escrito del trabajo de Cindy. Como no le gusta mucho hablar por teléfono, mi querido padre, reticente, regresó al teléfono para corregir la dirección de envío. La persona de atención al cliente fue muy útil y dijo: «No hay problema.»

Dos días después llegó una impresora a casa de mis padres cuando mamá estaba en casa. Papá no tenía ni idea de que había comprado una impresora con la oferta, e hizo lo mejor que supo para explicar a mi madre ese extraño envío.

En la misma semana (¡qué servicio de entrega tan rápido!), el resto de la computadora llegó un jueves, a casa de mis padres. Esta vez mamá fue la que abrió la puerta, ya que papá estaba en el jardín haciendo algunos arreglos. Ella se puso nerviosa. «Oh no, no puede usted dejar esto aquí. Se supone que yo no debo ver esto. ¡Lléveselo!»

La persona que lo entregaba respondió con calma: «Lo siento, señora, pero esta es la dirección de entrega del paquete. Tengo que dejarlo aquí.»

Mamá firmó para recibir lo que ahora sabía que era su regalo de Navidad. Ahora estaba en posesión de dos cajas grandes y pesadas que se suponía que ella no tenía que saber que habían llegado. El cerebro de mamá iba a toda velocidad, intentando concebir cómo podía impedir que papá supiera que ella lo sabía.

Mamá corrió rápidamente a la puerta de la vecina de enfrente, que era nueva, una señora mayor con el cabello blanco, y le explicó su aprieto. La señora se alegró y se emocionó de ser parte de esta aventura. Se rió de nervios: «Encantada de ayudarles», cuando mamá le pidió poder llevarle las cajas. Ella accedió a poner las cajas en su garaje hasta que mi hermana pudiera recogerlas. Cindy tenía planeado pasar por allí el martes por la noche en su visita semanal. Mamá corrió al garaje para agarrar su carrito y llevar las dos cajas secretas. Con las cajas bien escondidas en el garaje de la vecina, mamá llamó a Cindy para explicarle lo sucedido. Ambas acordaron que ella recogería las cajas cuando fuera a visitarlos el martes.

Cindy llegó en su visita del martes y fue directamente a casa de la vecina, quien aún estaba sonriendo de diversión por nuestra comedia de errores. Cuando las cajas de la computadora estaban cargadas en el asiento posterior del automóvil, mi hermana se acordó de que mamá y papá, sin fallar, salían hasta el automóvil para despedirnos cuando nos íbamos. Las cajas estaban a la vista en su asiento posterior, así que pidió prestada una manta a la anciana vecina de enfrente de cabello blanco para cubrir las cajas. ¡Más risitas! Mamá, papá y Cindy tuvieron una buena visita, y mientras mamá estaba fuera de la habitación, mi hermana se acercó y

> le dijo a papá: «La computadora llegó hoy. La tengo en mi auto.»
>
> Papá dijo: «Ya hablé con nuestra vecina. Dijo que podíamos esconderla en su garaje. Distraeré a mamá mientras tú pasas las cajas.»

¿Por qué hicieron eso? Obviamente, se amaban. Pero quizá usted mire a su cónyuge y se pregunte: ¿Por qué hizo él eso? o ¿Por qué *hizo ella eso?* ¿Cómo puede usted edificar una vida de amor que perdure?

Herramientas motivacionales

Veamos algunas de las herramientas relacionales que pueden mantenerles a usted y a su cónyuge motivados. Estas son las herramientas de poder de la vida. Cuando las enciende, el poder recorre el corazón de su cónyuge, y la disposición a invertir en su relación aumenta. Son necesarias porque la vida requiere mucha energía. Demanda constantemente su tiempo y sus talentos. Cuando estas demandas se alinean con su motivación natural, el estrés se mantiene en niveles apropiados, y su eficacia se maximiza. Pero cuando no está naturalmente motivado para suplir esas demandas, el estrés aumenta y su eficacia disminuye. Cuanto más naturalmente motivado esté, más satisfecho estará con su relación. Estas son algunas de sus herramientas motivacionales naturales:

- tipo de temperamento
- tipo de resolución de conflictos
- tipo de aprendizaje
- lenguaje del amor

- orden de nacimiento
- tipo de relajación y recarga
- don espiritual

Veremos cada una de estas herramientas un poco más de cerca.

Tipo de temperamento

Su temperamento determina la manera en que usted procesa la información de la vida. Usted descubre su temperamento haciéndose dos preguntas estratégicas: "¿Soy más bien extrovertido o introvertido?" y "¿Tiendo más a las personas o a las tareas?"

Los introvertidos ven la vida de adentro hacia afuera. Hacen preguntas como estas: "¿Me siento emocionalmente conectado a ti?" "¿Esta carrera me hace sentirme realizado?" "¿Me siento cerca de Dios?" Los introvertidos piensan antes de hablar. A veces piensan mucho durante mucho tiempo.

Los extrovertidos ven la vida de afuera hacia adentro. Ellos preguntan: "¿Estoy pasando tiempo suficiente en el trabajo para poder ascender?" "¿Estoy pasando tiempo suficiente en mis prioridades?" "¿Estoy haciendo las cosas que fortalecerán mis relaciones?" Los extrovertidos tienden a compartir todo lo que se cruce por su mente, así que no tenga miedo, ¡tan solo están pensando en voz alta! ¿Ve usted la vida desde fuera hacia adentro (extrovertido) o desde dentro hacia fuera (introvertido)?

Las personas orientadas a las tareas son muy buenas haciendo las cosas. Dada la oportunidad de pasar tiempo con gente o terminar una tarea, trabajarán en la tarea a mano pensando: *Todos estarán mejor cuando terminemos esto.* Las personas orientadas a las personas son muy buenas pasando tiempo con la gente. Pueden hacer cosas, pero se distraen fácilmente cuando pasan personas por su lado porque sinceramente quieren saber cómo están esas personas. Creen que todo se hará cuando todos se lleven bien.

Combinar las respuestas a estas dos preguntas nos da como resultado cuatro tipos distintos de temperamento, como vemos en el cuadro de la página siguiente.

Originalmente, los temperamentos se llamaban sanguíneo, colérico, melancólico y flemático. En el cuadro, hemos enumerado varios recursos y lo que cada autor llamaría los tipos de personalidad. Estudie uno de los muchos recursos incluidos y haga que cada miembro de su familia realice las divertidas pruebas de temperamento para discernir su tipo de personalidad. Basaremos nuestra discusión en algunos términos fáciles de recordar usados por Florence Littauer:

- popular (sanguíneo)
- poderoso (colérico)
- perfecto (melancólico)
- pacífico (flemático)

Cuando haga un test de personalidad siendo adulto, intente pensar cómo era de niño, cuando tenía siete u ocho años. A menudo, los adultos hemos aprendido a maquillar nuestro verdadero yo para agradar a otras personas. O visto de manera más positiva, hemos obtenido las destrezas para fortalecer nuestras debilidades percibidas con el objetivo de ser más como Jesús. (Jesús, por supuesto, tenía todas las fortalezas de todas las personalidades ¡y ninguna de las debilidades!)

El poderoso. Los coléricos son extrovertidos, orientados a las tareas, toman decisiones y son líderes natos. Bob Phillips, en su

ORIENTADO A LAS PERSONAS	ORIENTADO A LAS TAREAS	
TIPO DE PERSONALIDAD I **POPULAR** Sanguíneo  Motivado por: **ATENCIÓN** Brawner: Nutria Phillips: Expresivo DISC: Inspirador Littauer: Amarillo como el sol Ejemplo bíblico: Juan el Bautista	**TIPO DE PERSONALIDAD II** **PODEROSO** Colérico  Motivado por: **Estar en CONTROL** Brawner: León Phillips: Conductor DISC: Dominante Littauer: Rojo como el fuego Ejemplo bíblico: Pedro	**EXTROVERTIDO**
TIPO DE PERSONALIDAD III **PACÍFICO** Flemático  Motivado por: **RESPETO Y ACEPTACIÓN** Brawner: Labrador Phillips: Amigable DISC: Estable Littauer: Verde como la hierba Ejemplo bíblico: Bernabé	**TIPO DE PERSONALDIAD IV** **PERFECTO** Melancólico  Motivado por: **RESPUESTAS Y ESTRUCTURA** Brawner: Castor Phillips: Analítico DISC: Cauto Littauer: Azul como el océano Ejemplo bíblico: Marta	**INTROVERTIDO**

libro *The Delicate Art of Dancing with Porpcupines*, los etiqueta como *conductores,* y el test DISC usa la palabra *dominante*. Sus principales defectos son falta de empatía y una mentalidad de excavadora. Están enfocados en las tareas que tienen a mano, por eso a veces pueden atropellar a la gente para hacerlas. Están principalmente motivados por el poder. La diversión para ellos es cualquier cosa en la que puedan decidir. La mejor manera de motivar a un colérico es darle cosas que hacer. A esta poderosa personalidad le encanta ser el líder o el jefe. Sin estas poderosas personalidades, el mundo se detendría porque ellos son la fuerza motora que está detrás de la mayoría de las grandes metas y sueños. Quizá otras personas tengan grandes sueños, ¡pero los coléricos se despiertan y los llevan a cabo!

El popular. Los otros extrovertidos son los sanguíneos orientados a la gente. En *Taming the Family Zoo,* Jim y Suzette Brawner los llaman *nutrias* porque les encanta divertirse. Phillips los llama *expresivos*, el DISC, *inspiradores*. Son creativos, espontáneos, ¡y tienen destreza con las personas! Su principal debilidad es la falta de perseverancia. (Si no es divertido, ¿por qué seguir en ello?) Les encanta la fiesta, así que pueden parecer huecos y superficiales para algunas de las otras personalidades. Les motiva principalmente la gente y los elogios. Lo único que quieren es un poco de atención; bueno, mucha atención, y harán cualquier cosa por recibirla. Si quiere motivar a un sanguíneo, ligue una tarea a una persona o haga de ella una fiesta, ¡y estará a su lado! Sin estas populares personalidades, muchos de nosotros tendríamos menos amigos. Las personalidades populares hacen que el mundo sea tolerable y un lugar feliz donde habitar.

El pacífico. El flemático, o el *labrador* de Brawner, es alguien introvertido, amigable, estable, sencillo, pacífico a cualquier precio y agradable. Phillips los llama *amigables*; el DISC dice que son *estables.* A todo el mundo le gusta la personalidad pacífica. Todos se llevan bien con ellos porque su meta en la vida es no mover el barco. A todo el mundo le gustan los labradores a menos que quiera que se hagan las cosas, a menos que necesite que le solucionen algo o que tenga prisa. ¡Entonces los pacíficos pueden volverle loco! Yo estoy casada con un hombre cuya personalidad secundaria es pacífica. Lo único que una personalidad pacífica necesita en la vida es ser apreciado. Sé que no podría hacer lo que hago como líder, oradora itinerante y escritora si Bill no estuviera en mi vida. Él es realmente el viento debajo de mis alas. Incluso mientras escribía este libro, le dije: "Cariño, te necesito. Tú eres mi inspiración", y lo dije en serio. La gente funciona mejor con un poco de cuidado amoroso y tierno, y las personalidades pacíficas pueden dar apoyo emocional bien.

¡La sintonía de la personalidad pacífica sería "Respeto", de Aretha Franklin! Lo único que quieren es un poco de respeto. Cuando usted muestra aprecio y respeto hacia estas personas, harán casi cualquier cosa por usted. Quizá tarden un poco, pero lo harán. La mayoría de nosotros no podríamos llevarnos bien sin estos mediadores naturales.

El perfecto. Esta personalidad melancólica es introvertida y orientada a la tarea. La mayoría de los grandes artistas y músicos tienen esta personalidad. Son creativos, y quieren hacer las cosas bien. Tienen paciencia para hacer las cosas con excelencia. Su perfeccionismo puede volver locas a otras personalidades, especialmente a los sanguíneos. La respuesta de un sanguíneo a un melancólico será siempre: "¡Relájate!" Pero no se pueden relajar. El mundo es blanco y negro, y necesita desesperadamente arreglo para estas personas. Pueden volverse negativos y deprimirse, porque ven el vaso medio vacío, y observan todas las pequeñas cosas sin hacer en el mundo. El modelo Brawner llama a estas personas los *castores* porque son diligentes y hacen el trabajo. El test DISC los llama *cautos*, y Bob Phillips los etiqueta como *analíticos*. Siempre están pensando, procesando.

Como yo soy sanguínea y colérica, puedo crear ideas a montones, y por supuesto pienso que todas ellas son brillantes porque yo las tuve. Quiero zarpar con un ejército de ideas. Bill es mi timón en la vida, ayudándome a ordenar las ideas, escoger las mejores y hacer que alcancen un nivel de excelencia. Sin él, mi impaciencia me haría cometer muchos errores, posiblemente algunos de ellos trágicos.

Así que si está casado con una personalidad perfecta, haga muy pocas promesas, o perderá su credibilidad. Si dice que va a estar en casa a las seis de la tarde, mejor que lo cumpla. Si llega a las seis y veinte, no llegó tarde, sino que mintió. La personalidad perfecta se toma todo de forma muy literal. Sin la personalidad perfecta, el mundo estaría mucho más lleno de errores. Vea a los perfectos como los que sincronizan todos los semáforos. ¡Sin ellos la circulación sería un caos!

Recursos para un estudio más profundo

Brawner, Jim, y Suzette Brawner. *Taming the Family Zoo.* NavPress, 1998. The DISC Profile. www.discprofile.com. O www.onlinedisc.com.

Littauer, Florence. *Personality Plus.* Fleming H. Revell Company, 1992.

Phillips, Bob. *The Delicate Art of Dancing with Porcupines.* Gospel Light Publications, 1989.

Trent, John, Rodney Cox, y Eric Tooker. *Leading from Your Strengths.* Broadman & Holdman Publishers, 2004.

Tipo de resolución de conflictos

El estrés y el conflicto sacan cosas distintas según las distintas personas, y hará bien en conocer cómo tiende su cónyuge a resolver los conflictos. Una vez que conozca su inclinación, puede trabajar con ello para crear un patrón que funcione para los dos para llegar a una solución. En el capítulo 4 enumeramos varios estilos de resolución de conflictos. ¿Cuál es el suyo? ¿Cuál es el de su cónyuge?

- negociadores
- polémicos
- pacificadores
- equipo de teatro
- supervivientes
- siervos

Recursos para un estudio más profundo

Gottman, John, and Nan Silver. *Seven Principles for Making Marriage Work.* Crown Publishing Group, 2000.

Gottman, John. *Why Marriages Succeed or Fail.* Simon & Schuster Adult Publishing Group, 1995.

Tipo de aprendizaje

Cynthia Tobias, en su libro *The Way They Learn,* describe cómo las personas procesan la información:

- *Los aprendices auditivos* recuerdan la información mejor si la oyen.
- *Los aprendices visuales* recuerdan mejor la información si la han visto.
- *Los aprendices cenestésicos* aprenden por la experimentación o el toque.

Quizá usted piense que esto no es importante si ya no está en la escuela, pero espere a que necesite tomar una decisión importante. Quizá uno de los dos necesite acceder a la información en cuadros y esquemas y el otro quizá necesite libros en audio para tomar la decisión.

Recursos para un estudio más profundo

Tobias, Cynthia. *The Way They Learn.* Tyndale House Publishers, 1996.

Lenguaje del amor

Recomendamos mucho el libro *Los cinco lenguajes del amor,* de Gary Chapman. Todas las expresiones de amor escritas a continuación pueden ser eficaces, pero cada uno tiene una forma favorita de recibir amor de su cónyuge. Si tuviera que escoger, ¿cuál sería su forma favorita para que su cónyuge le expresara su amor?

- palabras de afirmación
- toque físico
- tiempo de calidad
- actos de servicio
- regalos

Recursos para un estudio más profundo

Chapman, Gary. *Los cinco lenguajes del amor.* Moody Publishers, 1996. Chapman, Gary y Ross Cambell. *Los cinco lenguajes del amor de los niños.* Moody Publishers, 1997.

Orden de nacimiento

Su lugar en la familia en la que creció influyó para ser la persona que es hoy. El Dr. Kevin Leman, en *The New Birth Order Book*, ofrece una breve prueba de ejemplo para ayudar al lector a entender rápidamente el orden de nacimiento:

> ¿Cuál de los siguientes conjuntos de rasgos de personalidad le reflejan mejor?

A. Perfeccionista, fiable, concienzudo, creador de listas, bien organizado, tenaz, líder nato, crítico, serio, erudito, lógico, no le gustan las sorpresas, le encantan las computadoras.

B. Mediador, transigente, diplomático, evita el conflicto, independiente, leal a los iguales, muchos amigos, inconformista, reservado, impecable.

C. Manipulador, encantador, culpa a otros, busca la atención, tenaz, orientado a las personas, vendedor natural, precoz, cautivador, afectivo, le encantan las sorpresas.

D. Un pequeño adulto a los siete años, muy meticuloso, directo, logra muchas cosas, automotivado, temeroso, cauto, lector voraz, piensa en blanco y negro, usa mucho “muy”, “extremadamente” y “exactamente”, no soporta el fracaso, tiene expectativas muy altas de sí mismo, más cómodo con la gente bien mayor o más joven.

> Si notó que la prueba le pareció bastante fácil porque A, B y C contenían rasgos de los más mayores hasta descender a los menores de la familia, tiene razón. Si eligió la lista A, es muy probable que usted sea el primogénito de su familia. Si escogió la lista B, es probable que sea el hijo mediano... Si la lista C le parecía que se identificaba mejor con lo que usted es, es probable que sea el bebé de la familia... ¿Pero qué hay de la lista D? Describe a los hijos únicos.

Es interesante destacar que dos hijos medianos tienen muchas probabilidades de un amor a largo plazo porque están entrenados para negociar y transigir como parte de la dinámica familiar. Dos primogénitos necesitan mucho entrenamiento relacional porque ambos querrán estar al mando.

Recursos para un estudio más profundo

Leman, Kevin. *The New Birth Order Book.* Fleming H. Revell Company, 1998.

Estilo de relajación y recarga

- *Abeja ocupada.* Incluso estando de vacaciones, esta persona tiene una lista de cosas que hacer. Él o ella empieza las vacaciones o su día libre con un horario y un plan.
- *Mariposa sociable.* Estas personas creen que sus vacaciones son para relacionarse, así que conducir dos días de ida y dos de vuelta en un viaje de cinco días no importa con tal de ver a sus familiares.

- *Insecto palo paciente.* A estas personas les gusta sentarse tranquilas en vacaciones o en su día libre. Deles una hamaca y un libro, y son felices.

- *Hormiga activa.* A estas personas les encantan las actividades y los deportes en sus días libres. Los encontrará esquiando, haciendo piragüismo, *snowboard*, senderismo, y cosas similares.

- *Mariquita con equipaje.* Estas personas prefieren los viajes con guía, salidas en grupo y profesionales a cargo de su tiempo libre.

Si ustedes hablan en su tiempo de descanso, teniendo en mente su estilo, usarán menos tiempo libre para discutir ¡y más para actividades divertidas!

Recursos para un estudio más profundo

Farrel, Bill, y Pam Farrel. *Los hombres son como waffles, las mujeres como espaguetis.* Harvest House Publishers, 2001.

Dones espirituales

Yo me enamoré de Bill porque era muy compasivo. Sin embargo, pronto descubrí que esa compasión ¡era para toda la humanidad! La gente agobiada buscaba a Bill porque tiene un don para ayudar a la gente. Si vamos caminando por una calle de la ciudad muy transitada y un vagabundo ve que nos acercamos, él o ella *siempre* se dirige a Bill para pedirle ayuda. Si Bill está con un grupo de hombres y el automóvil de alguno tiene un neumático pinchado o se le han quedado las llaves dentro, la persona *siempre* le pedirá ayuda a Bill. Esto es tan predecible, que se ha convertido en algo cómico.

Una vez, cuando nos íbamos a pasar unas vacaciones de aniversario en Hawái, le compré a Bill una camiseta que decía: "Programa de protección de testigos: ¡Usted no me conoce!" Pero ni eso funcionó. Incluso entonces la gente en apuros se acercaba a él.

Se giró hacia mí y preguntó: «¿Qué pasa conmigo? ¿Por qué siempre tengo el aspecto de ser alguien que puede resolver los problemas de la gente?»

Yo sonreí y dije: «Quizá sea la capa de *Superman* que se asoma por debajo de tu camisa.»

Entonces me acordé. Ese había sido mi apodo para Bill durante casi toda nuestra vida de casados: *Superman*. Lo había visto cuando yo tenía veinte años, y me encantaba.

A veces, cuando estamos en un viaje familiar y suena su teléfono celular con alguna crisis en el otro lado de la línea, me frustro o me enojo. Pienso en mi interior: ¿Por qué todo el mundo le necesita? ¿No pueden esperar sus problemas un día mientras pasamos tiempo juntos?

Con el paso de los años, tuvimos que aprender a hacer concesiones. Aprendí que tener que compartir a Bill con el mundo es un precio pequeño para estar casada con un hombre con un increíble corazón y carácter. Él aprendió a poner límites y proteger sus días libres, festivos y vacaciones. Decidió reunirse con las personas solamente en la oficina para que nuestro hogar pudiera ser un lugar de descanso y conexión familiar.

Deberíamos dejar espacio para los dones del otro en vez de frustrarnos por ellos. Por ejemplo, un matrimonio puede frustrarse si la esposa tiene el don de la hospitalidad y el esposo es ese tipo de persona a quien no le gusta mucho tener gente a su alrededor o que no quiere que la gente toque sus cosas. ¿Puede ver cómo una situación así podría ser causa de ansiedad aunque tenga que ver con uno de sus puntos fuertes?

Estos dones son dados por Dios y mejoran su vida de una manera poderosa. También son tan poderosos que pueden interrumpir su vida si no se controlan. Un matrimonio puede llegar a un lugar de acuerdo siendo conscientes de los dones del otro y siendo flexibles para darles lugar. Piensen en un matrimonio al que le pidan enseñar juntos. Si él tiene el don de la enseñanza pero ella tiene el don de ayudar, él podría enseñar y ella ocuparse de la hospitalidad, proporcionar recursos y hacer llamadas de teléfono. Ella puede estar disponible para las discusiones individuales para ayudar a las personas a aplicar el material a sus vidas mientras permanece en un segundo plano. Esto les da a ambos la oportunidad de trabajar en el área que mejor se desenvuelven.

La mariposa social casada con el rey del castillo podría transigir y crear un hogar que recibe a muchos invitados pero incluye un espacio privado al que no puede entrar la compañía. De esa forma, él puede retirarse si el caos de la compañía le supone demasiado.

Hable con su cónyuge acerca de la lista de abajo. Esta no es una lista exhaustiva de dones sino más bien un lugar para comenzar el diálogo. Conversen sobre cómo pueden hacer espacio para que actúe el don del otro, y encuentren soluciones creativas para cualquier diferencia.

- Administración: dirigir proyectos (Romanos 12:8; 1 Corintios 12:5, 28).
- Artesanía y manualidades: usar sus manos para crear o construir para que otros puedan acudir a Dios (Éxodo 30:22-25; 2 Crónicas 34:9-13; Hechos 16:14; 18:3).

- Evangelismo: comunicar las verdades espirituales para llevar a alguien a tener una relación con Dios (Hechos 5:42; Romanos 10:15; Efesios 4:11; 2 Timoteo 4:5).
- Exhortación: animar a las personas y caminar junto a ellas para sacar lo mejor de ellas (Romanos 12:8; 1 Corintios 2:1-2; 2 Corintios 9:2).
- Dar: proveer una fiel administración y compartir con otros (Marcos 12:41-44; Lucas 18:12; Romanos 12:8; 2 Corintios 8:1-7).
- Ayudar y servir: preocuparse por otros trabajando entre bambalinas (Marcos 2:3-4; Lucas 22:22-27; Romanos 16:1-2; 12:7; 1 Corintios 12:28; 1 Timoteo 6:2; 1 Pedro 4:9-10).
- Hospitalidad: usar el hogar u otros recursos para hacer que la gente se sienta incluida y bienvenida (Hechos 16:15; 21:16-17; Romanos 12:9-13; 16:23).
- Intercesión: dedicar tiempo y energía a orar más de lo que lo hace la persona promedio (Hechos 12:1-17; 16:25-31; Colosenses 4:12; 1 Timoteo 2:1-8).
- Conocimiento: compartir información que ayude a la gente a vivir de una manera productiva y saludable (Romanos 15:14; 1 Corintios 12:8; 13:8).
- Liderazgo: dirigir a las personas (1 Timoteo 5:17).
- Misericordia: mostrar compasión y actuar para suplir necesidades (Lucas 10:33-35; Hechos 9:36; 16:33-34; Romanos 12:8).

- Música: cantar o tocar instrumentos para dirigir los corazones hacia Dios (1 Samuel 16:16; 1 Crónicas 16:41-42; 2 Crónicas 5:12-13).
- Profecía: proclamar la verdad públicamente (Esdras 6:1; Isaías 14:28; 20:45; 25:1; 1 Corintios 12:10; 13:2; 14:1).
- Enseñar: explicar conceptos más difíciles a otros y ayudarles a aplicarlos (Romanos 12:7; 1 Corintios 12:28; Efesios 4:11; 1 Timoteo 3:2).
- Sabiduría: aplicar conocimiento con discreción y visión (2 Crónicas 1:11-12; Proverbios 1:2; 2:10).
- Escribir: comunicar información para ayudar a otros a crecer en fe, desarrollar habilidades para la vida o dirigirse hacia Dios (Salmos 45:1; Hechos 15:19-20; Filipenses 3:1; 1 Timoteo 3:14-15).

Recursos para un estudio más profundo

"Team Ministry Spiritual Gift Analysis." www.churchgrowth.org/analysis/index.html. "Towns Spiritual Gift Questionnaire." www.elmertowns.com/spiritual_gifts_test/index.cfm?action=SPQ_instructions. Wagner, C. Peter. *Discover Your Spiritual Gift.* Gospel Light, 2002.

Herramientas sutiles

Algunas áreas de la vida son más sensibles que otras. Estas áreas requieren que desarrollemos destrezas para evitar cometer errores. A medida que crece su habilidad, aumenta también su impacto. Si sus habilidades permanecen poco desarrolladas, sus acciones tendrán como resultado consecuencias no deseadas y deterioro en su relación. Estas herramientas requieren práctica para desarrollar finura y dominio. Estas herramientas sutiles incluyen su estilo de economía y su estilo de crianza.

Estilo de economía

Mi amiga Ellie Kay, en *A Woman's Guide to Family Finances,* describe varios tipos de estilo de administración del dinero. Hemos adaptado estos tipos para ambos géneros y hemos condensado sus descripciones. Observará que la mayoría de estos estilos son reacciones al temor o la inseguridad. El estilo más maduro es uno de equilibro que trata tanto el presente como el futuro. Hay que trabajar mucho y cooperar, y a la mayoría de parejas les supone un reto. Un matrimonio que quiera lograr este equilibrio debe identificar desde dónde está comenzando y luego establecer metas para guiar su viaje. Le animamos a conseguir el libro de Ellie y aprender más, especialmente si quiere ahorrar dinero ¡o salir de la deuda!

- El poderoso Pablo (o Patricia): El que tiene el dinero tiene el poder.
- La segura Samanta (o Samuel): El que ha nacido ahorrador se siente seguro solamente si él o ella ahorra "solo un poquito más." El temor es una emoción subyacente.
- La tacaña Tamara (o Tomás): Más que frugal, esta persona a menudo se aferra al dinero en vez de gastarlo en las relaciones.
- La angustiada Alicia (o Andrés): Esta persona se obsesiona con el dinero. Él o ella es prisionero del "y si…" ¿Y *si la gente solo me quiere por mi dinero? ¿Y si hago una mala inversión?* Él o ella piensa demasiado en el dinero.

- El derrochador Diego (o Dámaris): Si esta persona tiene un dólar, ¡tiene que gastárselo!
- La sentimental Sara (o Sebastián): Si esta persona se siente mal, ¡se va al centro comercial!
- El agradable Álvaro (o Ana): Esta persona usa el dinero para que la gente se sienta bien con él o ella.
- La equilibrada Emilia (o Emilio): Esta persona tiene buenos hábitos económicos, y sus actitudes hacia el dinero son equilibradas y saludables.

Recursos para un estudio más profundo

Kay, Ellie. *A Woman's Guide to Family Finances.* Bethany House Publishers, 2003.

Estilo de crianza

Ustedes tienen un estilo de crianza que guía sus acciones con sus hijos. Su manera de educar es una combinación de lo que vieron hacer a sus padres y lo que ustedes han decidido aprender por su cuenta. Educar bien no es algo automático. Educar es un proceso creciente que se puede aprender. Puede usted llegar a ser un mejor padre o madre de lo que actualmente es, o puede deteriorar sus habilidades como padre o madre. La crianza más eficaz es proactiva pero demanda mucha energía y enfoque para conseguirla. Puede comenzar a ser un padre proactivo del mismo modo que comienza a encontrar un equilibrio económico: identificando su punto de inicio y creando un plan de crecimiento. ¿Cuál de estos estilos les describe mejor?

- Permisivo: Estos padres rayan la apatía o negligencia. Están demasiado ocupados, demasiado quebrantados o demasiado ensimismados para preocuparse.
- Popular: Estos padres están tan preocupados por mantener una amistad con sus hijos que no ponen en riesgo la amistad poniendo reglas, límites o disciplina.
- Paranoico: Estos padres se preocupan por todo y toman decisiones basados en el temor.
- Prescriptivo: Estos padres esperan a que los asuntos se conviertan en problemas antes de actuar.
- Proactivo: Estos padres ponen metas en oración, hacen planes y discuten las opciones de crianza con tiempo para guiar y dirigir a un niño hacia delante.

Recursos para un estudio más profundo

Arp, Dave, y Claudia Arp. *And Suddenly They're Thirteen.* Zondervan, 1999.

Dobson, James. *The New Dare to Discipline.* Tyndale House Publishers, 1996.______. *The New Strong-Willed Child.* Tyndale House Publishers, 2004.

Farrel, Pam. *The Treasure Inside Your Child.* Harvest House Publishers, 2001.

¿Y ahora qué?

Ahora que sabemos todas estas cosas sobre nosotros mismos y nuestro cónyuge, ¿qué hacemos con la información? Tenemos varias opciones. Podemos usarla en contra del otro, creando conflictos o manipulando para conseguir una ventaja. O podemos usarla para excusar nuestras propias conductas poco sanas. Ninguna de estas opciones es muy eficaz porque Dios quiere que crezcamos en gracia y maduremos en áreas de debilidad.

Un enfoque mucho más útil es descubrir las fortalezas y peculiaridades del otro. Estas son las cualidades que hicieron que usted se enamorase de su cónyuge, así que cada vez que las vuelve a descubrir se fascina más con su relación. Si siguen conscientes de estos rasgos, pueden usarlos para fortalecer su relación.

Bill a menudo les dice a otros que está viviendo una vida mucho mejor porque está casado conmigo. Es de trato tan fácil, que él no escogería naturalmente el camino visionario e idealista. Está tan orientado a las personas, que se detendría en el camino para encontrarse con cada persona con la que se cruzara.

Yo soy tan visionaria e idealista que se me puede olvidar considerar el costo de las decisiones antes de tomarlas. Tiendo a pensar que puedo manejar esas cosas como vienen. Como soy muy extrovertida, puedo verme tentada a vivir una vida hueca. Como estoy casada con Bill, he aprendido a usar mis dones de escritura y oratoria para compartir toda la información maravillosa, profunda y práctica que Bill ha creado para orientar a la gente. Juntos, Dios ha formado un equipo imparable. Bill crea materiales útiles para ayudar a la gente, y yo los empaqueto y los presento. Yo veo lo que puede ser. Bill se asegura de que nuestros planes sean factibles y sólidos, y luego yo los empujo hacia delante mediante mi fe.

El regalo de la aceptación

Para utilizar estas herramientas, debe aceptarse el uno al otro. Aceptar y celebrar sus diferencias permite que cada uno de ustedes use estos rasgos y se afirmen el uno al otro como una creación única de Dios. Cuando me gradué de la universidad, Bill reunió a mis amigas y organizó una fiesta con el nombre: "Esta es tu vida." Varias rubias representaron diferentes etapas de mi vida. Nunca me había reído tanto al verlas hacer un melodrama de todos mis hábitos e idiosincrasias.

Cuando Bill estaba celebrando su décimo aniversario como pastor principal, reuní a varios de sus amigos para celebrarlo. Crearon un teatro cómico y emotivo de todas las cosas que Bill podría haber hecho si no hubiera obedecido el llamado al ministerio pastoral (entrenador, consejero, diseñador o doctor) y cómo estaba usando todas esas habilidades y talentos en su ministerio con la gente. Se sintió valorado y querido.

Busque una forma de observar a su pareja y celébrelo. ¿Qué rasgo puede animar o apreciar? El romance no es otra cosa que ver la obra de arte que Dios le ha dado en su cónyuge y tomarse el tiempo de aplaudirlo. Empaquete su admiración, átela con un lazo, y entréguelo con elogios verbales sinceros. Después siéntese y vea cómo se enciende la llama de su pasión.

Ahora es su turno. Abran su caja de herramientas relacionales e identifiquen los recursos que pueden usar para construir su relación. ¿Cómo describiría tanto a su cónyuge como a usted mismo en cada una de estas áreas?

- tipo de temperamento:
- estilo de resolución de conflictos:
- estilo de aprendizaje:
- lenguaje del amor:
- orden de nacimiento:

- estilo de relajación y recarga:
- don espiritual:
- estilo de economía:
- estilo de crianza:

Lo que él dice, y lo que quiere decir

"Me voy de pesca."

Esto realmente significa que va a estar junto a un río con una caña en su mano todo el día mientras el pez nada alrededor con total tranquilidad.

"Esto es algo de hombres."

Está hablando sin pensar racionalmente. No espere nunca una explicación lógica.

"¿Puedo ayudar con la cena?"

Quiere saber por qué no está ya servida en la mesa.

"Ajá." "Sí cariño." "Claro, amor."

Esto no significa absolutamente nada. Son respuestas condicionadas.

"Tardaría mucho en explicártelo."

No tiene ni idea de cómo funciona.

"Vamos a llegar tarde."

Piensa que tiene una excusa legítima para conducir como un loco.

"Descansa, cariño. Has trabajado mucho hoy."

No puede oír el partido con el ruido de la aspiradora.

"Eso es interesante, cariño."

Se está preguntando por qué aún está usted hablando.

"Oye, tengo mis razones para hacer esto."

Espera que se le ocurra alguna pronto.

"No lo encuentro."

No cayó en sus manos abiertas, así que no tiene ni idea.

"Sabes que nunca habría podido amar a otra."

Se da cuenta de que podría ser peor.

"Estás estupenda."

Le está rogando que no se pruebe ningún vestido más. Se muere de hambre.

"No estoy perdido. Sé exactamente dónde estamos."

Se pregunta si alguien volverá jamás a verla viva.

Palabras que usan las mujeres

"Está bien."

Esta es la palabra que usan las mujeres para terminar una discusión cuando sienten que llevan razón y que usted debe callarse. Nunca use "*está bien*" para describir el aspecto de una mujer: esto le haría tener una de esas discusiones.

"Cinco minutos."

Eso significa media hora. Es el equivalente a los cinco minutos que va a durar su partido de fútbol antes de sacar la basura, así que es un intercambio justo.

"Nada."

Esto significa "algo", y debería tener cuidado. "Nada" por lo general se usa para describir el sentimiento que tiene una mujer cuando quiere cambiarle interiormente, darle la vuelta o darle la espalda.

"Nada" por lo general señala el comienzo de una discusión que durará "cinco minutos" y terminará con "está bien".

"Adelante" (con el ceño subido).

Esto es un desafío, uno que resultará en una mujer enojándose por "nada" y terminará con "está bien".

"Adelante" (con el ceño normal).

Esto significa "Me rindo" o "Haz lo que quieras porque no me importa". Conseguirá un "adelante con el ceño subido" en unos minutos, seguido de un "nada" y "está bien". Hablará con usted en unos "cinco minutos", cuando se enfríe.

(Suspiro fuerte)

Esto no es propiamente una palabra sino una declaración no verbal que a menudo los hombres entienden mal. Un suspiro fuerte significa que ella piensa que usted es un idiota y se pregunta por qué está perdiendo su tiempo discutiendo con usted por "nada".

(Suspiro suave)

De nuevo, no es una palabra sino una declaración no verbal. El suspiro suave significa que está contenta. Su mejor opción es no moverse ni respirar, y ella seguirá contenta.

"No importa."

Esta es una de las frases más peligrosas que una mujer puede decirle a un hombre. *"No importa"* significa que quiere pensar bien antes de responderle por lo que usted haya hecho. *"No importa"* a menudo se usa con un "está bien" con el ceño subido.

"¡Adelante!"

En algún momento en el futuro cercano, usted va a estar en algún grave problema.

"Hazlo por favor."

Esto no es una frase, sino una oferta. Una mujer le está dando la oportunidad de inventarse una excusa por hacer cualquier cosa que usted haya hecho. Tiene la opción de decir la verdad, así que tenga cuidado, y no debería recibir un "está bien".

"Gracias."

Una mujer le está mostrando su agradecimiento. No se desmaye. Solo diga: "De nada".

"Muchas gracias."

Esto es muy distinto a *"gracias"*. Una mujer dirá "Muchas gracias" cuando realmente se moleste con usted. Significa que la ha ofendido despiadadamente, e irá seguido de un suspiro fuerte. Tenga cuidado de no preguntar qué le pasa después del suspiro fuerte, porque ella solo le dirá "Nada".

8

Decidan abordar las transiciones

El amor no guarda rencor.

Adán y Eva tenían un matrimonio ideal.
Él no tenía que escuchar acerca de todos los hombres con los que ella se podía haber casado, y ella no tenía que escuchar acerca de lo bien que cocinaba su madre.

Una de las cosas estupendas de haber sido pastor durante veinte años es que he tenido el privilegio de oficiar cientos de bodas. Las bodas son, por lo general, encuentros bonitos con todo el mundo en su mejor conducta. Pero a veces la mejor parte de las bodas ¡es la parte que sale mal!

El mayor error que cometí una vez en una boda fue oficiar toda la ceremonia con la cremallera del pantalón desabrochada. Llevaba un micrófono inalámbrico con una antena que bajaba por toda la pierna del pantalón. Fui al baño para sacar la antena por el pantalón y se me olvidó un pequeño detalle. Oficié la ceremonia, declaré a la pareja como marido y mujer, y me dirigí a la parte de atrás para quitarme el micrófono cuando me di cuenta de la debacle. Me debatía dentro de mí: ¿Debo ir al banquete o salir por la puerta de atrás e irme a casa? No sé si la gente estaba siendo educada o si realmente no se dieron cuenta, pero nadie mencionó mi pequeña adición a la ceremonia.

Quería asegurarme de que eso nunca me volviera a ocurrir, así que tomé medidas extra en la siguiente ceremonia que oficié. Resultó ser la boda de la hermana de Pam. Justo antes de salir de la oficina para entrar en el auditorio, me dirigí al novio y sus acompañantes y dije: "Chicos, ¡revisen sus braguetas!" Se me olvidó que llevaba dos micrófonos ese día. El micrófono que estaba conectado al sistema de sonido del auditorio estaba apagado, pero el que iba directo a la cámara de video estaba encendido. Cuando la hermana de Pam regresó de su luna de miel, nos invitó a cenar para enseñarnos el video. Durante la parte del encendido de las velas en la ceremonia, se escucha mi voz preservada para siempre en esa cinta de video diciendo: "Chicos, ¡revisen sus braguetas!"

También tuve la oportunidad de oficiar la boda de la reina del drama original. Se realizó en una carpa privada al aire libre bajo un arco encima de un descansillo de tres peldaños. Estábamos en medio de sus votos cuando sus rodillas comenzaron a temblar. Le dije al novio: "Será mejor que la sujetes. Se está cayendo." Él la tomó en sus brazos y la ayudó a bajar los tres peldaños. Los invitados que estaban en la primera fila se levantaron para que ella se pudiera sentar. La gente enseguida comenzó a abanicarla y trajeron agua. Pero antes de que ella pudiera dar su primer trago de agua, vomitó tres veces ¡con todo el ruido que a esto acompaña! Durante todo el tiempo, ¡el video estuvo funcionando y siguiendo cada uno de sus movimientos! Con unos cuantos sorbos de agua y mucha atención, se recuperó milagrosamente, le dijo a su novio: "Ya, estoy lista para continuar", y ocupó su lugar de nuevo en el altar. El resto de la ceremonia se realizó sin ningún incidente, pero el recuerdo permanece.

No hace mucho, experimenté mi momento épico en una boda. El novio había tenido una vida muy difícil. Su madre murió de una sobredosis cuando él era pequeño. Su padre entró en la cárcel unos seis meses después por tráfico de drogas. Él pasó por varias casas de acogida hasta que finalmente fue adoptado por el director de su escuela de gramática. Él había supuesto que nunca se casaría porque no creía que alguien realmente pudiera amarle nunca. Después conoció a una joven que se enamoró de él y pensaba que él era lo mejor que le había ocurrido jamás en este planeta.

Les dijo a los hombres en la fiesta de su boda que se pusieran lentes de sol como él en la boda al aire libre, no porque quisiera tener un buen aspecto sino porque sabía que iba a llorar durante toda la ceremonia. Y así fue; estaba tan afectado por el amor de esa mujer que comenzó a llorar cuando nos formamos para entrar. Siguió llorando mientras veía entrar a las mujeres. Lloró aún más cuando vio por primera vez a la novia. ¡Lloró durante toda la ceremonia!

Alguien que llora tanto moquea mucho, y él no estaba haciendo nada al respecto. Nos acercábamos al gran momento cuando iba a besar a la novia, y tenía dos grandes gotas de mocos descendiendo por su labio superior. Yo no estaba seguro de si debía detener la ceremonia un instante y decirle que se limpiara o si debía dejarlo así. Decidí continuar con la ceremonia. Les declaré marido y mujer y después le dije: "Ahora puedes besar a la novia." Él levantó su mano derecha, se limpió su labio superior, puso su mano derecha detrás del cuello de la novia ¡y le dio un gran beso! La ausencia de quejas de la novia fue una de las muestras más sutiles de amor incondicional que yo haya visto jamás.

Todos vamos al matrimonio con la esperanza de que cada día será tan feliz como el día de nuestra boda y que viviremos felices para siempre. En realidad, no obstante, los grandes momentos están mezclados con transiciones difíciles y embarazosas.

Afrontar esas transiciones

En más de veinticinco años trabajando con parejas, hemos observado que las transiciones de la vida pueden fortalecer o romper un matrimonio. Eclesiastés 3 hace referencia a un tiempo y una etapa para todo, así que la vida viene preparada con transiciones. Estas transiciones exigen de nosotros un nuevo nivel de destreza y determinación. Cambian el escenario de nuestra vida y nos llevan a nuevos niveles o profundidades. Su forma de manejar estas transiciones afectará a la calidad y estabilidad de su matrimonio. Les desafiarán para que sean personas más fuertes, y les proporcionarán oportunidades de obtener un mayor enriquecimiento y mejora.

Las transiciones tienen cierto parecido a la dinamita. Tienen la potencia para mover montañas y crear un camino más fácil, pero también pueden destruir cosas. La decisión es de usted. Puede permitir que las transiciones les destruyan, o pueden hacer equipo y abordar juntos las transiciones. Tristemente, demasiadas personas deciden no hacerlo, con lo cual una cuarta parte de todos los estadounidenses han experimentado al menos un divorcio.[1]

Aunque las personas comúnmente cortan, los estudios confirman los beneficios de permanecer. Las parejas que consideran el divorcio pero deciden no proceder legalmente evalúan su nivel de felicidad personal cinco años después por encima de los que decidieron divorciarse. Y las parejas en un gran conflicto ¡demuestran el mayor alza matrimonial en su evaluación de la felicidad![2]

Un tornado aporta un gran cuadro de cómo pueden ser estas transiciones fundamentales. En la película *Twister*, un tornado persigue a dos científicos (un hombre y una mujer). El tornado está destruyendo todo lo que encuentra a su paso, y va detrás de esta pareja. Así es como a menudo nos sentimos en la vida. La vida parece tenernos a su alcance, persiguiéndonos incesantemente hasta destruirnos.

Tan solo minutos antes del desastre, los dos llegan a una estación de bombeo y buscan opciones. Descubren una tubería con forma de U anclada en el suelo. Deciden unirse y atarse a la tubería. El tornado arranca desde los cimientos su cobertizo y pone a la pareja boca abajo. Planean por el aire hasta que pasa el tornado. Si no hubieran estado firmemente anclados, se habrían perdido. En lugar de eso, ¡compartieron el viaje de sus vidas! Eso es lo que hacen las transiciones. O bien nos destruyen o nos unen. La decisión es nuestra.

Ustedes no pueden evitar las transiciones. Deben viajar por ellas para madurar plenamente en la vida. Si se preparan bien para ellas, y encuentran formas de apoyarse el uno al otro mientras las atraviesan, se convierten en una fuente de conexión en vez de conflicto. Pensemos en algunas transiciones típicas y maneras en que podemos viajar por ellas para llegar a ser parejas más fuertes que están más enamorados cada día.

La felicidad del comienzo

La mayoría de las parejas evalúan su satisfacción matrimonial muy alto en su primer año de casados. Aunque es un tiempo de ajuste al unirse dos estilos de vida distintos, las parejas tienen un fuerte sentimiento de esperanza. La vida está llena de nuevas experiencias, y las parejas por lo general creen que resolverán sus dificultades. Ustedes pueden dar pasos para aumentar su satisfacción al comenzar juntos. Una encuesta telefónica aleatoria reveló que el treinta y cinco por ciento de las parejas casadas cinco años o menos, tuvieron consejería prematrimonial en un contexto religioso, y el setenta y cinco por ciento de estas parejas reportaron que esa preparación fue útil para ellos.[3] El entrenamiento puede elevar su nivel de destreza y hacer que usted sea más capaz de tener una relación íntima. Un folleto sobre entrenamiento para el enriquecimiento matrimonial que llegó a nuestro escritorio recientemente revelaba que ¡las parejas reducen las probabilidades de divorcio con cada sesión de consejería prematrimonial a la que asisten! ¡Incluso leer este libro está reduciendo sus probabilidades de divorcio! El entrenamiento y la preparación para el matrimonio son más necesarios en los primeros años del matrimonio. Cuanto más tiempo lleve usted casado, más probable es que permanezca casado. La mayoría de divorcios suceden en los primeros años del matrimonio en lugar de más adelante. Las probabilidades de que quienes han estado casados treinta y cinco años se divorcien son casi de cero.

¿Qué pueden hacer las parejas al principio de su relación para nutrir su amor y proporcionar protección para su relación?

Reciban entrenamiento

Fuimos a nuestra primera conferencia de matrimonios cuando llevábamos casados un mes. Fuimos por la insistencia de algunos amigos de la iglesia que nos recomendaron el retiro United Marriage Encounter porque había salvado su matrimonio de veinte años. Nosotros pensamos: *Si eso les ayudó a salvar su matrimonio, ¡quizá nosotros podamos evitar esos problemas si recibimos ese entrenamiento!* ¡Estábamos en lo cierto! Aprendimos algunas herramientas clave ese fin de semana que asentaron un buen cimiento: salgan juntos una vez por semana en la noche, intenten hablar todos los días, oren al menos una vez al día, asistan a la iglesia semanalmente. Muchos de los puntos eran cosas que ya estábamos haciendo, pero también aprendimos el valor de escribir cartas de amor y leerlas en voz alta el uno al otro, una práctica que aún conservamos hasta la fecha.

En una rutina (pero no en un rollo)

En un increíble mensaje en una conferencia reciente de Smart Marriages, William Doherty explicó la necesidad y los beneficios de los rituales matrimoniales, esos hábitos pintorescos que unen a dos corazones:

> Nos enamoramos mediante los rituales de conexión e intimidad, rituales del noviazgo como cenas románticas, largos paseos, montar en bicicleta o ir a esquiar, caminar, intercambiar regalos, hablar por teléfono todas las noches. Principalmente hacemos estos rituales solos como pareja; cuando la gente está enamorada, su familia y amigos saben cómo darles algo de espacio. Felizmente llenamos nuestro tiempo con rituales de conexión e intimidad. Desarrollamos un lenguaje común y un banco de experiencias común. Vamos a cenar a nuestro lugar favorito, e intentamos sentarnos en nuestra mesa favorita. Vamos a bailar a nuestros lugares favoritos…
>
> [Una amiga] me habló de la trivial actividad que ella y su esposo realizan cada sábado y que le ayuda a sentirse cercana a él: hacen recados. Para ellos, este es un ritual de conexión. Verá, si hicieron su compra bien, se dividieron, ¿verdad? Los rituales no son eficientes; se trata de conectar. Así que mi amiga y su esposo hacen recados juntos y hablan mientras los hacen. Yo rehúyo

> constantemente la televisión, pero conozco a una pareja que, cuando ven su programa de televisión favorito, a veces se turnan para darle al otro un masaje en los hombros, con uno sentado en el piso y el otro en el sofá... Casi cualquier cosa se puede convertir en un ritual de conexión, si el enfoque está en la relación.[4]

Al comienzo de las relaciones, los rituales son algo casi natural. Nos reunimos, nos saludamos, nos besamos, decimos: "Te amo. ¿Cómo fue tu día?" Pero las parejas se pueden alejar de los rituales que construyen su relación si no tienen cuidado. Doherty continúa:

> Una vez le pregunté a una pareja que estaba viendo en terapia por su ritual de saludo. La esposa estaba por lo general en casa, en la cocina. Los cuatro hijos y el perro *golden retriever* estaban en algún otro lugar de la casa. Esto es lo que sucedía: el esposo entra, saludado primero por el perro con una fuerte y entusiasta muestra de afecto. Los perros son grandes ritualistas; son constantes, afectivos, se emocionan al verle. Uno puede calcular el número de horas que ha estado fuera, y correlacionarlo con la energía de su ritual de saludos. Así, el esposo entra por la puerta, le saluda el *golden retriever*, y después los niños, con abrazos del niño uno, dos, tres y cuatro. Y luego va al dormitorio y se cambia de ropa. Su esposa sigue en la cocina. En algún momento durante los próximos veinte minutos él entra en la cocina, y las primeras palabras que dice alguno de los dos es algo como esto: "Jesse tiene un concierto esta noche, así que tenemos que darnos prisa en cenar."

Yo pregunté a esta pareja cómo se saludaban entre ellos cuando estaban recién casados. Con unas tímidas sonrisas, recordaron cómo era: "Hola, cariño, ¿cómo estás?" Seguido de abrazos, besos y: "¿Cómo te fue el día?" Les pregunté si recordaban cuándo había cambiado eso. No tenían ni idea. La mayoría de nosotros no sabemos cuándo se produce el declive en nuestros rituales matrimoniales.

Este es el ritual de charla en mi matrimonio. Este es uno que Leah y yo inventamos cuando nuestro hijo pequeño tenía cuatro años. Después de cenar, recogíamos, les dábamos postre a los niños, uno de nosotros comenzaba el café y después les decíamos a nuestros hijos que salieran a jugar. Les enseñamos a dejarnos tranquilos mientras tomábamos nuestro café, para poder hablar. Les decíamos básicamente que no interrumpieran a menos que la casa se estuviera quemando o algo parecido, en cuyo caso siempre podían llamar al teléfono 911 de emergencias y luego interrumpirnos... Así que teníamos cada día unos quince minutos para hablar como pareja.

Esta conversación diaria tiene las tres fases de un ritual. *Primero, una clara transición.* Los antropólogos aluden a esto como la transición al espacio ritual. Simplemente no funciona con decir: "Encontremos quince minutos todas las tardes." ¿Cuándo?... Estipule un tiempo específico, digamos, ¿de ocho y media a nueve menos cuarto?... Simplemente no funciona a menos que tenga un punto claro de transición que está ligado a algún evento. Y para nosotros, el tiempo era la cena, seguida del café. Por supuesto, si uno de nosotros tenía que irse inmediatamente después de cenar, no teníamos el ritual de la conversación, pero siempre observábamos la excepción. Una de las formas en que sabe si tiene un ritual sólido es que, cuando no puede hacerlo por alguna razón, menciona ese hecho…

En segundo lugar, está la fase de representación, cuando usted realmente comienza con la actividad del ritual, en este caso la conversación. Aquí Leah y yo desarrollamos algunas reglas de base. Prohibidas las charlas logísticas. No hablar de cortar el césped o de pagar la factura de la luz. Prohibido hablar de solucionar problemas. Prohibidos los temas conflictivos: "Ahora que tengo tu atención, permíteme decirte lo enojado que estoy por lo que dijiste anoche." Si alguno empieza alguna conversación logística, no conectará a nivel personal, y por lo tanto, ¿para qué hacer el ritual? Y si dejan que el conflicto y la resolución de problemas entren en la conversación, entonces uno de los dos o quizá ambos probablemente comience a evitar el ritual de hablar porque puede que no tenga ganas de trabajar tanto en su relación. De hecho, una regla básica general para todos los rituales de familia es mantener el conflicto lo más alejado posible. Si salen en una cita, no saquen temas desagradables. No discutan sus problemas cuando el objetivo es disfrutar de la compañía del otro… Podemos decidir ser agradables con nuestro cónyuge durante quince minutos al día aunque nos cueste. Lo que Leah y yo hacemos durante nuestro ritual de conversación es una revisión emocional…

La tercera fase de un ritual, después de la transición y la representación, es la etapa de salida.[5]

¿Cuáles son algunas ideas para los rituales de matrimonio?

- Rapto de aniversario. Haga una escapada sorpresa con su cónyuge (pueden turnarse cada año para hacer la planificación). Una mujer que había estado casada muchos años describió su rapto: "Es como si él me hubiera alzado en sus brazos… y es muy divertido. Hizo que me recogiera una limusina como la Cenicienta."
- Dick y Kathy explican su ritual matrimonial: "Nos casamos el veintidós de agosto, y lo celebramos el veintidós de cada mes. Hacemos algo especial. No es necesariamente algo grande, pero es cada mes. Este pasado mes, en junio, llevamos casados 430 meses."
- Tomar la ducha diaria juntos.
- Leer en voz alta el uno al otro en un momento concreto, quizá en la cama o mientras uno lava los platos.
- Darse un beso cuando se dicen hola y adiós o cada vez que se intercambien las llaves del auto.
- Escribir un diario de aniversario con lo más destacado de cada año.
- Dormirse tomados de la mano. Si se van a dormir a horas distintas, véanse junto a la cama para orar o darse un beso.
- Salgan a pasear y hablar por la noche o por la mañana.

- Establezcan una actividad nocturna: cenar cada noche con velas, café cada noche después de cenar, una partida de ajedrez o cartas por la noche junto a la chimenea. Un matrimonio creó un ritual de mañana muy particular: "Durante veinte minutos cada mañana, estamos los dos solos disfrutando de un desayuno con velas. Es especialmente romántico durante el invierno cuando todo está oscuro y hablamos solo a la luz de las velas."

United Marriage Encounter entrena a parejas para dialogar diariamente escribiendo sobre un tema durante diez minutos y luego hablando de ello durante otros diez minutos. Esto estableció un fantástico cimiento para nosotros, y ha sido clave para salvar matrimonios inestables y fortalecer a los sólidos al proporcionar una conexión emocional íntima.

David y Vera Mace, los fundadores de la Association for Couples in Marriage Enrichment, también tienen un ritual diario. David ha preparado el desayuno y se lo lleva a Vera cada mañana de su matrimonio.

Bill y yo tenemos una tradición que la gente siempre comenta. Esperamos ese primer beso hasta el día que él me propuso matrimonio. Desde ese primer beso en adelante, siempre nos besamos después de dar gracias en cada comida independientemente de dónde estemos o con quién estemos. ¡Nunca nos ha faltado un beso en más de veinticinco años! Si parece que nos hemos distraído y que se nos va a olvidar, alguno de nuestros hijos grita: "¡El beso! ¡El beso!"

Una de nuestras historias favoritas de un ritual matrimonial viene de una pareja que decidió que cada vez que hicieran el amor, pondrían un dólar en el banco y ahorrarían para su segunda luna de miel. A menudo él llegaba del trabajo y decía: "¡Tengo un dólar!" y ella respondía: "¡Yo sé cómo gastarlo!" Y entonces se iban al dormitorio. Este ritual sucedió semana tras semana durante años.

Si estaban en una aburrida reunión de negocios, lo único que ella tenía que hacer para terminar la reunión era poner un billete de un dólar en la mesa, ¡y se terminó la reunión de negocios! Año tras año estuvieron intercambiándose billetes de dólar, disfrutando de una reconfortante intimidad sexual y añadiendo dinero a su cuenta bancaria. En su cincuenta aniversario de boda, se fueron varias semanas a Hawái, estuvieron en los mejores lugares, comieron en los restaurantes más finos y disfrutaron de las aventuras y actividades más emocionantes. Su hija les recogió en Los Ángeles, y ella dijo: "Al recoger el equipaje papá sacó su cartera, sacó un dólar, y le dijo a mamá: '¿Quieres empezar a ahorrar para Cancún?'"

Los rituales son como una gran inversión. Si hace algo romántico cada día, todas esas expresiones de amor se guardan para un día lluvioso. Si las cosas se ponen difíciles, ha acumulado una fortuna en el banco del amor, ¡y le ha redundado intereses!

Consigan un mentor

La vida es mucho más fácil cuando se tiene algo de ayuda de aquellos que están más adelantados en el camino. Su sabiduría y sus consejos les resultarán inestimables en su propio viaje juntos. El uso de un mentor cada vez está siendo más importante debido a que la mayoría de la población en la actualidad proviene de hogares que han experimentado el divorcio. Quizá nunca haya vivido con su padre y su madre. ¿Cómo va a saber cómo funciona una familia intacta? ¿Quién le va a enseñar cómo solucionar los conflictos si sus propios padres decidieron abandonar su matrimonio?

Busquen una pareja que tenga el amor que a ustedes le gustaría tener. Miren a su alrededor y vean quién se toma de la mano, quién es amable con su cónyuge, quién abre la puerta, quién ora por su pareja o por otras parejas.

Busquen una pareja que haya hecho lo que ustedes quieren hacer. Algunas carreras tienen presiones matrimoniales muy particulares: médicos (¡especialmente el tocoginecólogo!), políticos, parejas en el ministerio y el clero, directores generales y empresarios, y el personal de los medios de comunicación o el ejército. Busquen una pareja que no solo haya sobrevivido en su ámbito en particular, sino que también haya prosperado y encontrado una vida que les haya hecho bien tanto a ellos como a sus familias.

Busquen una pareja que viva en su mundo. Ellos serán unos mentores más fuertes si viven en su vecindario, son parte de su ámbito de trabajo, o asisten a su iglesia. Podrán verles en una variedad de circunstancias, y estarán ahí para responder a esos asuntos cotidianos y preguntas que puedan surgir. Una manera muy buena de descubrir un mentor para el matrimonio es tomar una clase de enriquecimiento matrimonial que ofrezca su iglesia u organizaciones como United Marriage Encounter o Marriage Servers. (Vea www.smartmarriages.com para más opciones). Al asistir a una clase o conferencia con un grupo, conocerán a parejas que estén interesadas en tener un matrimonio fuerte, y algunas de esas parejas quizá tengan mucha sabiduría que compartir.

Busquen una pareja que tenga algo en común con ustedes. Nosotros tenemos tres hijos, y nos ha gustado tener mentores que criaron únicamente hijos varones. Nos hemos beneficiado de tener mentores que eran parejas ministeriales y también escritores y oradores. Hemos disfrutado al asistir a eventos deportivos con mentores con mentalidad deportiva, hacer ejercicios con ellos o incluso ir de vacaciones con ellos.

Busquen una pareja que esté dispuesta. No tienen que ser perfectos, ¡ninguna pareja lo es! No tienen que ser necesariamente mentores matrimoniales entrenados o educadores matrimoniales profesionales. Solo tienen que tener una relación fuerte y estable.

Hagan una lista de entre dos y cinco parejas que puedan estar dispuestas a ser sus mentores. Decidan qué pareja podría ser la más idónea e invítenla a cenar. Vean cómo va la cena. Háganles preguntas sobre cómo se conocieron, qué consejo les darían a unos recién casados y cosas semejantes. Si la cena sale bien, concierten una cita para darle seguimiento, como otra cena o un café. Pregúntenles si estarían dispuestos a emplear algo de tiempo con ustedes.

Quizá les pueden sugerir que les guíen a ustedes y a algunos amigos usando algún libro de enriquecimiento matrimonial si les gusta enseñar.

Pueden preguntarles si estarían dispuestos a reunirse para comer de vez en cuando o si estarían dispuestos a responder a algunas preguntas que pudieran tener o surgir. Sean sensibles a la cantidad de tiempo que pudieran tener disponible para ustedes. Decidan cuándo reunirse la próxima vez, y asegúrense de darles las gracias por su disposición.

Con el bebé somos tres

La decisión de ser padres crea una gran transición para las parejas. Para algunos, conlleva la presión de añadir un proyecto de horas al día y siete días por semana a la relación. Para muchas otras parejas conlleva el estrés de la infertilidad. Millones de decisiones pueden seguir al nacimiento o la adopción de un niño. Los niños y preescolares necesitan un entorno seguro, libertad para aprender y un pequeño círculo social. Selma Fraiberg, mientras era profesora en la universidad de Michigan, descubrió que a los niños menores de tres años cuando mejor les iba era cuando los cuidaba su propia madre. Los que estaban entre tres y seis podían soportar la ausencia de su madre durante la mitad del día, pero les iba peor con una ausencia de entre diez y doce horas.[6] Un matrimonio debe preguntarse: "¿Cuál es la mejor forma de cubrir estas necesidades?"

¿Quién cuidará de los niños? Hay varias opciones disponibles: papá podría trabajar y mamá podría estar en casa a tiempo completo, o mamá podría trabajar desde casa a tiempo completo o parcial (podría o no necesitar ayuda en casa entonces). Papá podría estar en casa mientras mamá trabaja, o mamá y papá podrían trabajar en turnos alternos para que uno de los dos siempre esté cuidando del niño (pero no se verían mucho entre ustedes). Podrían contratar a una niñera interna o canguro o probar con la guardería (escoger entre una guardería grande o una más pequeña y familiar). Quizá un familiar podría cuidar de los niños. Todas estas opciones tienen cosas positivas y negativas.

Nadie puede amar a un niño como un padre o una madre. Un matrimonio podría enumerar los pros y los contras de todas las opciones disponibles. Las parejas sabias harán esto en la etapa del noviazgo en su relación. Los valores de la crianza por lo general están muy arraigados. De forma similar, las parejas deberían hablar del número de hijos que desearían y qué tipo de entorno quieren para educar a sus hijos: hacer la escuela en casa, en una granja, la educación pública o privada, en centros culturales cercanos, etc.

Las parejas quieren hacer lo correcto para sus hijos. Una mamá joven ha sobrevivido al estrés añadido del embarazo y está experimentando sus efectos en su cuerpo y sus emociones. Nuestro obstetra ofrecía un gran libro para todas las parejas que estaban esperando un bebé: *What to Expect When You're Expecting.* ¡Ese doctor probablemente salvó unos cuantos matrimonios con esa información!

Cuando nace el bebé, ambos padres se ven ante grandes ajustes. El mayor de todos es adaptarse a no dormir ¡y estar de guardia constantemente!

Yo (Bill) sufrí una adaptación enorme cuando nació nuestro primer hijo. Nunca antes había cuidado a un bebé, y no tenía familia extensa en la zona, así que no había tenido trato con bebés. Brock necesitó una cesárea de emergencia, y nació un tanto azulado porque había tenido sufrimiento fetal. Cuando finalmente respiró y su cuerpo pasó del color azulado al rosa, el doctor lo puso entre mis brazos, ¡y encajó mejor que cualquier balón de fútbol americano que yo hubiera cargado jamás! Nació el día de Año Nuevo, así que ese día tuvimos nuestra primera experiencia de vínculo varonil ¡y vimos el fútbol en la habitación del hospital todo el día!

Pero cuando llevamos a Brock a casa, enseguida me di cuenta de que estaba luchando con mis emociones. Cuando él lloraba, Pam corría a su lado para cubrir sus necesidades. Cuando yo tenía una necesidad y la expresaba, Pam decía: "¡Acelera, papá!" Me sentía como si estuviera compitiendo por su atención. Enseguida supe que las mujeres tienen una capacidad asombrosa para añadir personas a su vida. Tenía miedo de que el amor en el corazón de Pam se dividiera entre nosotros dos. Nadie me dijo con antelación que iba a crecer exponencialmente con cada nueva persona añadida a la familia.

La curva de aprendizaje y la adaptación son gigantescas en esta temprana etapa, y una pareja sabia dedicará tiempo extra a hablar y estar juntos mientras se adaptan a sus nuevos papeles y responsabilidades.

¡Pero esto no era lo que yo creía!

Esta es la evaluación de una mujer de mediana edad, y si no se maneja bien se puede convertir en una crisis. Todas las mujeres pasan por esta etapa de desarrollo. Para algunas es un proceso de desarrollo. Para otras que no están preparadas, les podría parecer más bien una crisis personal.

Por lo general, entre las edades de veintiocho y treinta y ocho años, una mujer dirá: "Amo a mi esposo y a mis hijos, pero ¿la vida consiste solo en esto: platos, lavadoras, responsabilidad?" O quizá diga: "Me he estado centrando en una carrera, y ahora escucho mi reloj biológico haciendo tic tac." Se está haciendo la gran pregunta de la vida: ¿Para qué estoy aquí? ¿Cuál es mi propósito? ¿Cuál es mi pasión?

Es aquí cuando una mujer tiene más probabilidades de tener una aventura amorosa. Tiene preguntas en el fondo de su corazón, y su esposo a menudo está muy ocupado. Quizá está muy enfocado en su trabajo y se pierde las indicaciones emocionales de su esposa. Algunas mujeres buscan a alguien que escuche su corazón. A menudo ese alguien es otro hombre del trabajo, la iglesia, el vecindario o un foro en la computadora. Ella nunca tuvo la intención de ir tras una aventura amorosa, pero cuando sus necesidades emocionales comenzaron a ser suplidas no por su esposo sino por su nuevo amigo, se produjo la aventura amorosa.

Muchas mujeres dicen: "¿Una aventura amorosa? ¡Sí, claro! ¡Cómo va a añadir una mujer la responsabilidad de una persona más en su vida!"

Desgraciadamente, son demasiadas las que lo hacen.

En *The 10 Best Decisions a Woman Can Make* (Harvest House Publishers), yo (Pam) comparto unas cuantas decisiones que ayudarán a una mujer a proteger su matrimonio:

Decida que se comunicará con su esposo. Puede que él esté muy ocupado forjando su carrera y ser un buen proveedor para la familia, pero usted puede tomarle por las solapas mientras él se va y decir: "Amo demasiado lo nuestro como para dejar que la vida nos separe. ¿Puedo pasar un tiempo contigo todas las semanas?"

Decida llevar sus preguntas a círculos seguros. Consiga una mentora, únase a un mini grupo de estudio bíblico, o pague para recibir consejería. Establezca límites alrededor de su matrimonio y prométase que no compartirá su tiempo o su corazón con ningún otro hombre que no sea su esposo.

Decida desarrollarse. No se haga la mártir y se queje de que nunca tiene tiempo para usted. En vez de eso, busque formas de nutrir sus intereses, talentos y dones de formas que encajen bien en el resto de sus prioridades. Muchas mujeres llevan a su familia a una mentalidad de todo o nada. En lugar de eso, mientras sus niños están en la escuela, termine su educación formal. Mientras su esposo se relaja con sus amigos en el campo de fútbol, vaya a hacer ejercicio o a una clase de arte.

Decida mantener sus ojos apartados de usted misma. En esta etapa de la vida, las mujeres pueden tener unos globos oculares que miran hacia adentro.

He oído algunas declaraciones bastante extrañas de mujeres de mediana edad, como: "¿Te lo puedes creer? Mi esposo trabaja todo el tiempo. Nunca tiene tiempo para mí y para los niños." Sea razonable. El mundo no se puede detener en seco solo porque usted esté en esta transición.

Su familia seguirá teniendo necesidades, su esposo seguirá teniendo un trabajo, su iglesia y su comunidad seguirán valorando su participación. He visto que cuando afrontamos la vida de forma realista, Dios usa la vida real para responder algunas de las preguntas de nuestro corazón.

¡Ay, la vida es cara!

Cuando una mujer está en su evaluación de la mediana edad, su hombre por lo general está en modo *Superman*, intentando proveer para la familia. Ha entendido lo cara que va a resultar su vida y se da cuenta de que necesita dar un paso al frente y no solo tener un trabajo. Debe desarrollar una carrera que esté a la altura de las crecientes demandas de aquellos a los que más ama en la vida.

Esta comprensión le llegó a Bill cuando nos mudamos del valle central de California al caro sur de California y Bill vio su sueldo reducido al convertirse en el pastor principal de una iglesia pequeña pero que pronto crecería. Tras pasar un día de desánimo con una inmobiliaria, no teníamos esperanzas de poder optar a una casa en un mercado donde las casas estaban aumentando su valor ¡unos 10.000 dólares al mes!

Una noche, fuimos a casa de un amigo a cenar. Nuestro hijo de dos años, Zachery, dijo: "Tengo hambre."

Le dimos dos perritos calientes y un plato de frijoles.

Volvió a decir: "Tengo hambre", y le dimos una hamburguesa.

Aún volvimos a oír: "Tengo hambre", así que le dimos más frijoles y postre.

Toda una multitud se reunió alrededor de Zach, viéndole comer. Le apodaron el Bebé Aspiradora ¡porque estaba aspirando toda la comida! Entonces Bill se dio cuenta. *Cuando todos mis hijos estén en el instituto y sean atletas, ¡la factura de mi comida será semejante a una de estas desorbitantes hipotecas del sur de California!* Bill entró en modo de trabajo rapidísimo, intentando crear una carrera que le mantuviera al ritmo del apetito de los chicos. Ya hemos pasado esa etapa, ¡y él tenía toda la razón! Cuando nuestro hijo mayor se fue a la universidad, ¡nuestro presupuesto para alimentación se redujo a la mitad!

Cuando la familia de un hombre comienza a crecer, él puede experimentar sentimientos de lucha o huida. O bien decide quedarse en el matrimonio y luchar por proveer para su esposa y su familia, o dice: "Esto es demasiado difícil. Ya no quiero seguir casado." Es probable que un hombre tome la decisión correcta y se quede con su familia cuando tiene apoyo:

- Su esposa y sus hijos dicen "gracias" y aprecian su duro trabajo.
- Tiene un mentor varón que puede decir: "Sí, esto es difícil, ¡pero puedes hacerlo!" En familias saludables, los hombres mayores en la familia extensa cumplen este papel. Un hombre que no tiene nada de esto cerca de donde vive puede unirse a un estudio bíblico de varones y buscar un mentor varón que ame a Dios y a su familia.
- Dedica tiempo a escuchar a su esposa y a jugar con los niños.
- Busca herramientas para edificar una vida saludable, como asistir a conferencias de matrimonio, comprar DVDs, CDs y libros de líderes matrimoniales, unirse a un estudio bíblico o grupo de enriquecimiento familiar, o pagar consejería por parte de un miembro de la iglesia o un consejero de matrimonio y familia. (Al final de este libro encontrará la dirección de nuestra página web, donde puede encontrar listas de grupos de enriquecimiento familiar, educadores y sugerencias para encontrar un consejero cristiano en su zona.)

Los matrimonios se separan en esta etapa más a menudo que en cualquier otra. La edad media de divorcio para los hombres era 35,9 años en 1990. La edad media de las mujeres en el momento de su divorcio en 1990 era 33,2.[7] En Texas, las parejas que se divorciaron habían estado casadas durante una media de 7,8 años.[8] Las personas en edades comprendidas entre veinticinco y treinta y nueve años componen el sesenta por ciento de todos los divorcios.[9]

Berserk

En el gráfico al final del capítulo encontrará esta etapa marcada como "Familias con adolescentes", pero es mucho más. Es cuando la vida llega a su masa crítica, ¡y todo parece apilarse a la vez! Papá está en la evaluación de la mediana edad, mamá está en la menopausia o "perimenopausia", y los adolescentes están inundados de hormonas. Usted está pagando la universidad, bodas, facturas médicas y errores del pasado. Están sufriendo nuevos retos de salud en ustedes mismos y en sus ancianos padres. Muchas familias experimentan un estrés increíble durante esta etapa al verse forzados a tratar un embarazo imprevisto y asuntos de cuidados infantiles, o están luchando con el sistema de justicia juvenil. ¡Caramba! Por eso llamamos a esto "berserk".

La palabra *berserk* viene de los antiguos guerreros vikingos, que fueron legendarios por volverse locos antes de una batalla y luchar con una incesante furia salvaje y enloquecida. Los guerreros luchaban frenéticamente, a pesar de sus heridas. La palabra a veces puede significa "locura", y así es como a veces nos parece la vida durante esta etapa: ¡solo un tanto enloquecida! Solamente el ritmo de la vida puede ser abrumador. Las carreras y reputaciones como voluntarios de ambos están en lo más alto.

Puede parecer que mamá se está volviendo loca porque está entrando en la menopausia y se siente mal: emocionalmente, físicamente, o ambas cosas. En nuestro libro *Why Men and Women Act the Way They Do* , proporcionamos cuatro páginas de síntomas que podrían sufrir las mujeres con los cambios hormonales. Los síntomas varían desde sudores nocturnos y brotes de calor a asuntos mucho más serios como depresión, ansiedad o pensamientos suicidas. Los adolescentes podrían estar *berserk* porque están intentando saber quiénes son mientras se adaptan a su nueva vorágine de cambios hormonales. Papá podría volverse *berserk* porque está en medio de una gran evaluación de su vida. Se está haciendo preguntas como las siguientes:

- ¿Quiero continuar con esta carrera?
- ¿Han merecido la pena todos mis sacrificios?
- Me siento mayor, ¿cómo puedo volver a sentirme joven?
- ¿Por qué me siento tan perdido? (El bagaje emocional no resuelto de su juventud podría reaparecer.)
- He pasado mucho tiempo en el trabajo, ¿por qué me siento como un extraño en mi propia casa?
- Quiero relaciones profundas y conectadas a nivel emocional. ¿Quién escuchará mi corazón?

En su libro *Men in Midlife Crisis* , Jim Conway describe sentirse como una máquina expendedora porque todos querían algo de él. Un día, observé algunas de las cosas que la gente quería de Bill, incluyendo las llaves de su auto, consejería, dinero, sabiduría, conexiones, tiempo, talento, recursos, oraciones, músculos y experiencia. Él daba, y daba, y daba, hasta que un día se agotó. Se vio ante un problema de salud que afectó a sus opciones de carrera.

Me diagnosticaron hipertensión (Bill), lo cual existía en mi familia. Mi abuelo tuvo un derrame cerebral cuando mi papá tenía diecisiete años. Mi papá tuvo un derrame cerebral ¡cuando yo tenía dieciocho! Hasta que tuve cuarenta y tres, no tuve síntomas de hipertensión. De repente, se disparó a 150/100, y mi mundo se desmoronó. Había comido bien y me ejercitaba regularmente para evitar este rasgo genético en mi familia, pero mi rutina ya no funcionaba. No podía seguir el ritmo sobre el que había construido mi vida en las dos últimas décadas.

Estaba muy desanimado. Pam estaba asustada. Yo luché con profundos sentimientos de fracaso durante el siguiente año. Me sentía débil y vulnerable. Descubrí que no sabía cómo trabajar sin estar intensamente enfocado. Tenía que pasar más tiempo pensando en mí y en mi salud de lo que lo había hecho hasta entonces. Me sentía egoísta. Por primera vez en mi vida adulta, no sabía cómo ser yo.

Alabo a Dios, sin embargo, porque con algunos ajustes de horarios, buenos consejos de salud, una severa reducción de la ingesta de sodio, ejercicio y suplementos dietéticos, pude reenfocar mi vida y recuperar mi salud. El camino no había sido fácil, no obstante. La transición ha sido enorme para mí, Pam, nuestra familia y muchos otros en nuestra iglesia y nuestra comunidad. Me siento como si estuviera viviendo media vida comparada con todas las cosas emocionantes que solía hacer. Sé que necesito terminar esta transición, pero a veces me pregunto si la vida volverá a ser normal alguna vez.

Antes de que se aleje

Cualquiera puede quedar fácilmente abrumado y querer alejarse. Pero alejarse no ayuda porque dondequiera que vaya, se llevará a usted mismo consigo. Tiene los mismos problemas, las mismas victorias y los mismos asuntos. Alejarse cuando aún tiene la oportunidad de reedificar su vida junto a su cónyuge solo complica su vida con gastos de abogados, facturas extra y ser padre o madre a tiempo parcial. Considere las siguientes destrezas para quedarse y aguantar cuando la vida le lleve al límite:

Busque un enfoque. Encuentre una razón para que valga la pena su esfuerzo en la vida. Juntos han construido una vida. Separarse podría devastarle económicamente. Quédese por los niños. Los estudios demuestran que los niños que tienen padres divorciados tienen más probabilidades de consumir drogas, tener sexo antes del matrimonio y sacar peores calificaciones. No haga que sus hijos paguen el precio solo porque usted no esté dispuesto a recorrer el camino. Quédese para agradar a Dios. Enfóquese en algo mayor que usted y más noble que tan solo su felicidad personal.

Busque apoyo emocional. Decida no buscar relaciones externas con personas del sexo opuesto para sentirse mejor. En cambio, encuentre un amigo o amiga del mismo género que ya lo haya conseguido. No busque el apoyo en amigos divorciados o solteros, ya que podrían contribuir a la decadencia de su matrimonio. En su lugar, asista a estudios bíblicos de hombres, mujeres o parejas. Comience un grupo de oración para parejas o señoras. Señoras, comiencen un grupo de Esposas en oración.[10] ¡Es difícil estar enojada con alguien por quien se está orando!

Busque un oasis. Comiencen juntos a hacer ejercicio o emprendan una nueva actividad emocionante, como hizo Jim Conway. Él y su esposa Sally escribieron *When a Mate Wants Out: Secrets for Saving a Marriage*. Jim comenzó a navegar. Por lo general, navegaba solo para pensar en la vida, pero a veces la familia se iba con él. Ambos han trabajado mucho, y esta etapa de la vida es agotadora. Busque algo que le reponga. Bill y yo hemos tomado citas de tenis. Otros amigos baile de salón, y otros compraron una cabaña escondida. Sea cual sea su preferencia, haga algo constructivo para edificar nuevos momentos felices en medio de lo que podría parecer un caos.

Los mejores días

Nuestros amigos Dave y Claudia Arp, autores de *The Second Half of Marriage* , dicen: "¡El resto puede ser lo mejor!" Si se queda, ¡disfrutará de su recompensa! ¡Las segundas lunas de miel realmente se pueden producir! Los niños se casan, se van de casa (¡espera usted!), y no vuelven (¡espera usted!) Recientemente, más abuelos han estado criando nietos. Entre un cinco y un seis por ciento de los nietos viven con abuelos durante una parte de sus vidas,[11] pero la mayoría de las parejas tiene bastante tiempo juntos después de los cincuenta años de edad. ¡La mayoría de los abuelos dicen que los nietos son una gran parte de la recompensa! Esta es su oportunidad de comprar todos los juguetes ruidosos y molestos y enviarlos a casa con sus hijos cuando los nietos llegan de visita. Y les da a los nietos dulces y refrescos antes de enviarlos a casa, ¡mientras se imagina lo bien que sus hijos se lo pasarán con ellos!

Busquen una aventura que puedan hacer juntos. Hagan una lista de todas las cosas que quieren asegurarse de hacer antes de morir, ¡y comiencen a tachar cosas en la lista! Usen este tiempo para invertir en un trabajo verdaderamente significativo y trabajo de voluntariado, como construir casas para Habitat for Humanity o ser padres misioneros sustitutos en la escuela. Viajen en su casa rodante y donen tiempo para campamentos y centros de conferencias. Comiencen una segunda empresa u ofrézcanse como voluntarios para causas políticas o sociales.

Conocemos a una pareja que de manera muy extraña descubrió una de las aventuras más grandes de sus vidas. Ella creó una exitosa empresa de jardinería en casa que le demandaba bastante cantidad de su tiempo. Cuando él se jubiló, la seguía a ella por el jardín, esperando captar su atención. Ella se frustró con sus continuas interrupciones, así que un día le pidió que tomara fotos del jardín para una presentación que tenía que hacer. Descubrieron que él era un gran fotógrafo, y ahora las revistas les envían por todo el mundo. Ella escribe artículos, y él toma fotos de jardines.

Ese es también el tiempo perfecto de la vida para ser mentores de matrimonios. Mike McManus de Marriage Savers escribe acerca de una reforma que hizo su iglesia para parejas que se casaban:

> La mayor reforma que hizo nuestra iglesia de forma pionera fue entrenar a parejas mayores sólidamente casadas para dar el inventario y ser mentores de los que se estaban preparando para el matrimonio. En vez de hacer que el pastor revisara los resultados en una o dos horas, parejas mentoras, cuyos hijos son mayores, pueden pasar cuatro o cinco tardes, revisando cada punto. Esta es una gran inversión de tiempo: darles a las parejas jóvenes lo que podría ser su primera exposición a un matrimonio vibrante y gozoso… De 302 parejas que se anotaron para un curso entre 1992 y 2000, 21 lo dejaron y 34 parejas rompieron su noviazgo antes de casarse, según Catherine Latimer, que estudió los resultados de nuestra iglesia. Pero ella dijo que había habido solo cinco divorcios y dos separaciones entre los casados. "Eso significa que hay solo un 2,5 por ciento de índice de fracaso en un periodo de casi diez años.

> Comparemos eso con el cincuenta por ciento de índice de divorcio," escribe la Señora Latimer. "Esto no es solo una preparación matrimonial. Esto es un seguro matrimonial."[12]

Antes de decir adiós

Ver a la persona que ha amado durante toda una vida luchar con problemas de salud o dejar esta tierra nunca es fácil. Pero puede ser poderoso ver este tipo de amor duradero en acción. Mientras visitaba (Pam) a mis abuelos en su sesenta aniversario de boda, les pregunté: "Abuelo y abuela, ustedes saben que Bill y yo hablamos sobre el matrimonio. ¿Cuál es su secreto para un matrimonio duradero y feliz?" La abuela miró al abuelo, sonrió, y se rió: "Cariño, ¡puro valor y determinación!"

Mi abuela tenía problemas de salud y llevaba puesto oxígeno. Una noche le estaba costando respirar, así que despertó al abuelo. "Gerald, ¿crees que puedes abrazarme? Me está costando respirar." Él abrazó a la novia de su juventud, la mujer que había amado desde que ella tenía catorce años. Gentilmente la mecía hacia delante y hacia atrás hasta que la meció en los brazos de Jesús. Así es como yo me quiero ir de este mundo: ¡arropada por los brazos de aquel a quien amo!

El secreto

Durante estas transiciones difíciles, los esposos y las esposas pueden culparse fácilmente el uno al otro por el estrés de la relación.

Un día, durante un tiempo particularmente difícil de la vida, yo me quejaba con Bill. "Cariño, ¿por qué la vida es tan estresante? ¿Qué estás haciendo? ¿Qué estoy haciendo mal?" Bill tan solo me sonrió mientras yo sacaba toda una lista de factores de estrés, incluyendo la edad de nuestros hijos y las demandas de nuestras profesiones.

"Ángel, no eres tú. No soy yo. Es la vida." Y al considerar las cosas que había enumerado, me di cuenta de que él estaba completamente en lo cierto. Algunas etapas del matrimonio y algunas etapas de la vida son más extenuantes y más estresantes, aunque todos estén haciendo bien las cosas. Cada persona tiene que pasar por transiciones, y no se gana nada en el juego de la culpa. Las cosas solo empeoran si usted ataca a su compañero en la vida. Hoy, pongan sus brazos alrededor del otro, mírense el uno al otro a los ojos y digan: "No eres tú. No soy yo. ¡Es la vida!"

Miren al gráfico de abajo. ¿Dónde se encuentran ustedes ahora? ¿Qué transiciones ya han afrontado? ¿Qué transiciones tienen por delante? Recuerden: este es un gráfico de la pareja promedio. Quizá su gráfica sea muy diferente, particularmente si se casó tarde en la vida o si este no es su primer matrimonio. Hablen sobre las transiciones y los problemas que les quedan por pasar y de lo que pueden hacer ahora para prepararse mejor para ellos. Pregunten a una pareja a la que respeten que haya navegado con éxito por las transiciones que a ustedes les esperan: "¿Qué tiempos difíciles recuerdan? ¿Qué hicieron bien durante ese tiempo que creen que les ayudó a ser más fuertes como pareja o enamorarse más como resultado?"

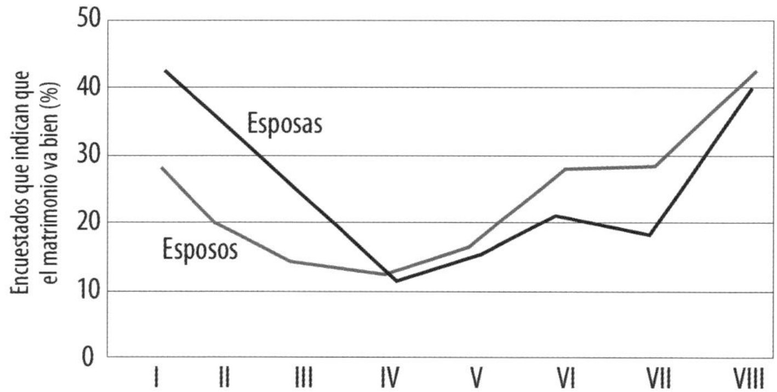

Etapa I: Familias comenzando
Etapa II: Familias criando hijos
Etapa III: Familias con hijos en preescolar
Etapa IV: Familias con hijos en la escuela
Etapa V: Familias con adolescentes
Etapa VI: Familias como centros de lanzamiento
Etapa VII: Familias de mediana edad
Etapa VII: Familias en la tercera edad

Satisfacción matrimonial durante el ciclo de la vida familiar. Esta gráfica refleja el porcentaje de esposos y esposos que dijeron que su matrimonio iba bien "todo el tiempo" en varias etapas del ciclo de la vida familiar. Rollins y Feldman (1970) desglosaron el ciclo de la vida familiar en ocho etapas. La relación en forma de U mostrada aquí también se ha encontrado en otros estudios. Por lo general, la satisfacción matrimonial tiende a ser mayor al comienzo y al final del ciclo de la vida familiar.[13]

9

Decidan dejar un legado de amor

El amor no se deleita en la maldad sino que se regocija con la verdad.

El matrimonio es cuando un hombre y una mujer llegan a ser uno. El problema comienza cuando intentan decidir qué uno.

En nuestro vigésimo quinto aniversario de bodas, le dimos a cada uno de nuestros hijos un anillo con un escudo de armas familiar que Bill y yo diseñamos. Queríamos que los chicos tuvieran un recuerdo de familia que pudieran pasar de generación en generación y que simbolizara los valores que defendía la familia Farrel. El escudo era algo así:[1]

1. Obra artística de Lucas Graciano.

Las tres *L* en el centro significan *Learner, Leader* y *Lover of God* (Aprendiz, Líder y Amante de Dios). Cada año desde que nuestro hijo mayor tenía cuatro años, hemos tenido un Día de Aprender y Liderar. Ese es el día en que negociamos los privilegios y las responsabilidades, seleccionamos un rasgo del liderazgo en el que enfocarnos para cada hijo ese año, y damos un regalo que aplaude la peculiaridad que vemos que Dios edifica en cada una de sus vidas. (Puede encontrar más detalles sobre cómo hacer un Día de Aprender y Liderar y otros consejos de crianza de los hijos en nuestro libro *The 10 Best Decisions Every Parent Can Make* [Harvest House Publishers]).

Queremos que nuestros hijos sean conocidos por estos rasgos:

Aprendices. Queremos que compitan en la vida y estén dispuestos a hacer el trabajo duro para aprender y ser excelentes.

Líderes. Queremos que ellos usen sus propios estilos de liderazgo peculiares para influenciar a otros.

Amantes de Dios. Queremos que tengan su *propia* fe.

La cruz con la estrella saliendo de ella representa que queremos que busquen la visión de Dios para su vida. Queremos que el corazón de Dios sea la fuente de todas sus esperanzas, sueños y deseos.

Los dos corazones entrelazados representan integridad y compromiso. Cuando un Farrel dice algo, queremos que sea verdad, y queremos que nos conozcan como una familia que cumplimos con nuestros compromisos, especialmente el pacto matrimonial.

En el interior del anillo está grabado el versículo y la frase que usábamos como eslogan para educar a nuestros hijos: "El Señor no negará ningún bien a quienes hacen lo que es correcto" (Salmos 84:11, NTV). Nuestro trabajo es caminar rectamente; el trabajo de Dios es decidir qué buenas cosas nos dará como recompensa. En otras palabras, *Dios honra a los que le honran.* De algún modo, de alguna manera, Dios pone su mano de unción y fortaleza sobre quienes tienen un corazón y un caminar puro. Cuando los chicos sienten que el camino estrecho es demasiado restringido, queremos que recuerden que vale la pena andar por él.

Ahora inténtenlo ustedes. ¿Por qué cosas quieren que se conozca a su familia? ¿Cuáles son sus valores centrales, esos tres o cuatro rasgos que quieren que sus hijos, nietos y bisnietos posean? Mientras responden a estas preguntas, dibujen un símbolo en el escudo de abajo que explique su sistema de valores.

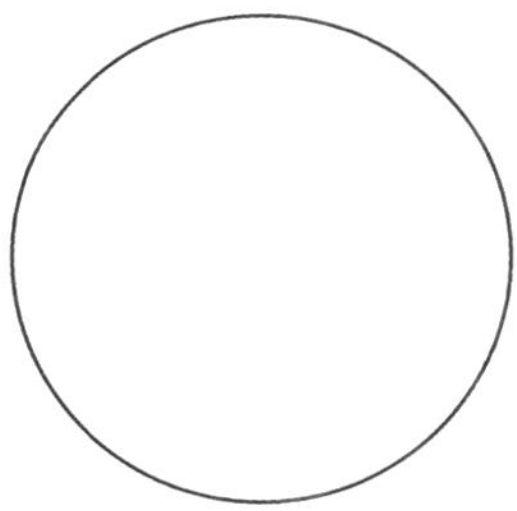

Usen su escudo y las preguntas al final del capítulo para escribir su propia declaración de misión del matrimonio. Como ejemplo, esta es nuestra declaración de misión, la cual creamos hace años:

> Nosotros, Bill y Pam Farrel, tenemos el deseo de cumplir la gran comisión, usando nuestras habilidades en el ministerio profesional, con un enfoque en usar los dones de comunicación que Dios nos ha dado. Estamos comprometidos con el discipulado personal como un estilo de vida. Queremos que nuestro hogar sea un oasis donde los que entren puedan ver a Cristo obrando

> en nuestro matrimonio y familia y donde puedan encontrar esperanza. Estamos comprometidos con la diversión y las amistades. Valoramos más a la gente que las cosas. Preferimos recuerdos antes que bienes materiales. Estamos comprometidos a educar a nuestros hijos de tal forma que tengan la oportunidad de conocer los beneficios de conocer personalmente a Jesús y caminar con Él. Estamos comprometidos a ayudarles a descubrir sus talentos y equiparles para cumplir la gran comisión y a divertirse y a una vida plena mientras hacen eso.

Decidan dejar un legado de amor. Decidan que su amor dejará un cimiento seguro para que futuras generaciones puedan construir sobre él. Hemos descubierto que es más fácil transmitir principios de amor cuando los hemos pensado con claridad y los hemos comunicado. Les animamos a tener una salida nocturna esta semana y crear tres cosas:

Una misión familiar. Usen la declaración de misión de arriba como ejemplo, pero piensen bien en los valores, creencias y tradiciones que valoran y escriban una declaración de misión matrimonial que puedan poner.

Nuestro eslogan familiar. Una declaración de misión es demasiado larga como para memorizarla, pero si la acorta en un eslogan, sus hijos y nietos pueden asimilarlo más fácilmente. Para la Navidad del año de nuestro veintisiete aniversario, les dije a mis hijos: "No quiero regalos, solo palabras que me hagan llorar." Bill hizo que cada hijo le enviara una carta, la cual colocó sobre una foto de cada hijo "en acción". Cada uno de esos tributos contenía las palabras: "Dios honra a los que le honran." El testigo se había pasado con éxito, nuestros hijos tenían el eslogan familiar inscrito en sus corazones. Un apodo familiar. Nuestros hijos fueron a escuelas privadas durante una parte de su educación. Esas escuelas tenían emblemas que reflejaban los valores fundamentales de la escuela.

Nosotros también trabajamos con parejas en el ejército para ayudarles a edificar sus matrimonios, y cada rama de las Fuerzas Armadas tiene un emblema que capta el corazón y alma de esa rama de servicio. Del mismo modo, un escudo familiar puede ser el símbolo de las fortalezas de su familia y sus valores principales. Dediquen un tiempo a diseñarlo. Si sus hijos son mayores, quizá quieran incluirlos en una sesión de tormenta de ideas y luego asignar al niño más artístico la creación de la versión en color para después ponerla en su hogar.

Amor épico

¿Por qué comprometerse a hacer todo este trabajo? Porque un matrimonio con un propósito claro y bien definido le da una razón mayor que usted mismo y su felicidad personal para estar juntos y trabajar para construir un amor duradero. Yo (Pam) quiero un amor que cambie el mundo para mejor.

Mi historia favorita de un amor así viene del reverendo Walter y Matilda Duff. Cuando él era joven, en Irlanda, Walter guió a cientos a Cristo. Después, sintió que Dios le llamaba a ser misionero en China. Su padre intentó hacerle cambiar de idea, ¡incluso le ofreció sostener a otras dos personas para que fueran a China en su lugar! Cuando su familia vio que iba en serio con la idea de entrar en el ministerio, su padre informó a Walter que no tendría parte en la fortuna familiar. Se las tendría que arreglar por sí mismo. Decidido a seguir la voluntad de Dios, entró en el seminario y se casó. ¡Matilda obviamente no se casó por dinero! Los Duff vivieron por fe y amor, ¡y probablemente una buena cantidad de sopa y pan!

Poco después Walter sintió el llamado a pastorear en América. Llegó a los Estados Unidos antes que su familia de inmigrantes irlandeses. Walter y Matilda tuvieron cuatro hijos: Helen, Evangelina, Walter y Olive. Él reservó billetes para su familia en el medio más seguro de su tiempo. Matilda extrañaba mucho a su esposo, así que cambió la fecha del viaje, y la familia zarpó dos semanas antes. Los niños se dieron cuenta de la provisión de Dios cuando oyeron al niño de los periódicos gritar la noticia del barco en el que supuestamente debían haber estado ellos: *"¡Extra! ¡Extra! ¡Se hunde el Titanic!"*

Seguir las pisadas

El asombroso amor dio a luz más amor asombroso. Los adolescentes Duff observaron que muchas iglesias de la comunidad carecían de liderazgo y sus edificios necesitaban algunas reparaciones. Helen describe una iglesia que permanecía en su memoria como "muy deteriorada… Las ventanas estaban rotas, la puerta descolgada, y aunque sea extraño decirlo, la gran Biblia del púlpito estaba abierta sobre el púlpito, con sus hojas hacia delante y hacia atrás empujadas por el viento." Enseguida las hermanas Duff se dispusieron a viajar por la América rural, cantando y plantando escuelas dominicales, escuelas bíblicas de vacaciones y otras obras creativas. Sus esfuerzos a menudo tuvieron como resultado la formación de una nueva congregación o el fortalecimiento de una congregación pequeña o cansada que anhelaba la calidad de enseñanza y liderazgo que aportaban las chicas.

Las chicas pronto se casaron. Helen fundó Christian Women's Clubs, que aseguraba la ubicación de pastores en comunidades rurales. Más adelante, como esta obra creció, se formó una nueva organización para proporcionar liderazgo para iglesias rurales: Village Missions. El hermano de Helen, el pastor Walter Duff, finalmente tomó el timón de Village Missions. Este movimiento ahora trabaja en más de 250 ubicaciones en América y en más de treinta en Canadá.[1]

Christian Women's Clubs extendió su propio ministerio y formó Professional Couple's Clubs. Cafés bíblicos para seguimiento y discipulado siguieron de forma natural. Y todos estos esfuerzos ministeriales necesitaban libritos y otra información escrita, así que surgió una empresa de publicaciones para suplir la necesidad. Stonecroft Ministries tiene ahora unos 1800 grupos, ha publicado un surtido de recursos distribuidos en todo el mundo, tiene 1600 representantes locales y tiene 1400 personas en liderazgo. Stonecroft Ministries tiene presencia en los cincuenta estados y en sesenta y un países extranjeros.

Mientras Helen y Walter estaban trabajando con Stonecroft Ministries y Village Missions, su hermana y cuñado, Evangeline y Archie McNeill, ambos tuvieron una fuerte impresión de que Dios les estaba guiando al ministerio de las conferencias. Encontraron la propiedad que finalmente se convertiría en Cannon Beach Christian Conference Center. La visión original de Archie McNeill era que Cannon Beach proporcionara unas "vacaciones con propósito".[2] Ahora, Cannon Beach Christian Conference Center alberga más de 150 grupos de conferencias al año con un total de asistencia de entre 400.000 y 500.000. También alberga Ecola Bible School, la cual comenzó el sobrino de Evangeline McNeill, David Duff. El hijo de Evangeline, Haldane, se convirtió en pastor y trabajó en el consejo de Cannon Beach durante muchos años, mientras que la hija de Evangeline dirigió el centro de conferencias durante muchos años.

Cannon Beach Christian Conference Center, Stonecroft Ministries, Village Church Missions, Ecola Bible School, ¿puede ver cómo *el amor de una pareja* impactó al mundo para bien de forma tan increíble? Todo comenzó porque Matilda tenía roto el corazón ¡y extrañaba mucho a su precioso marido! Oh, que hubiera más parejas con una historia de amor épica como esta.

Su amor, una luz

Puede decidir cómo brillará su amor. Cada familia tiene una personalidad o don único que puede dejar una huella positiva en el mundo. ¿Se han dado cuenta de que a menudo las habilidades relacionadas con música, enseñanza, cuidado de la salud, ministerio, liderazgo o política están en las familias? Varios presidentes fueron familiares, el más reciente George H.W. Bush y George W. Bush, y Jeb Bush fue gobernador de Florida. La dinastía Kennedy sirvió durante años en la familia "real" de América. Piense en la familia Graham. Casi todos los hijos de Billy y Ruth Graham sirven a tiempo completo en el liderazgo internacional del ministerio como comunicadores y líderes de organizaciones.

Para obtener ideas sobre el futuro de su familia, miren hacia atrás en sus propias vidas y busquen marcas espirituales. Ustedes han tenido algunas experiencias únicas que han preparado a su familia para el camino que les queda. Quizá han tenido una infancia peculiar, o quizá tienen un sufrimiento único.

Quizá en su familia haya habido generaciones de grandes tradiciones y fuertes líderes. El pastor John McArthur y el Dr. David Jeremiah son producto de generaciones de pastores. Nuestros amigos los Storm tienen un cuadro de su familia extensa. Nancy tardó casi diez minutos en nombrar a cada persona y su llamado ministerial profesional. Sus suegros crearon una atmósfera familiar que fomentaba un corazón por el servicio ministerial. Cuando estuvimos en Alemania, hablando a tropas americanas y sus cónyuges, nos sorprendió el número de los que estaban en el ejército que crecieron en el ejército.

Mirando atrás en su árbol genealógico pueden obtener destellos de lo que podría venirles naturalmente. Por ejemplo, a mí (Pam) me llegaron fácilmente los valores familiares porque tengo un legado de unidad en la familia en las buenas y en las malas. Los padres de Bill eran del sur, y los míos crecieron en ranchos, así que los valores de vivir en el campo están en nuestro corazón. La gente siempre está antes que los programas o los procedimientos. La amistad, la lealtad y una política transparente se desarrollan muy bien en nuestro hogar. Siempre tenemos niños extra pasando la noche, y a menudo tenemos personas viviendo con nosotros o comiendo con nosotros. Durante todo el tiempo que duró el instituto de nuestros hijos, tuvimos una camioneta de doce asientos (a la que cariñosamente apodamos Wheezy por la forma en que chisporroteaba al arrancar). La camioneta no era para nosotros sino para todos los grupos de jóvenes, equipos deportivos y bandas de rock cristianas que necesitaban usarla.

También tenemos genes deportivos. Tanto Bill como yo fuimos atletas de jóvenes. Mi padre (Pam) era un competitivo vaquero, como lo fue su padre. El padre de Bill fue piloto de combate. Ser competitivo es un rasgo que les viene muy fácil a nuestros tres hijos. Tienen las destrezas básicas para los deportes, y el entorno de nuestra familia fomenta su desarrollo. Que nuestro hijo mayor comenzara un grupo de convivencia para atletas cristianos en su instituto y que nosotros dos sirviéramos en el consejo de ese grupo fue pan comido y el deseo de nuestro corazón. Nuestros hijos comenzaron un campamento deportivo llamado "Future Champs Camp" para ayudar a jovencitos a convertirse en hombres usando los deportes como la plataforma para el aprendizaje práctico.

Cada familia tiene un estilo de operación. Como familia, ustedes confían en ese estilo, recurren a ese estilo cuando están bajo estrés, y disfrutan la vida cuando ese estilo está operando plenamente. Enumerados debajo tienen unos cuantos estilos de familia. Vean si puede identificar a su familia con uno de estos estilos y comiencen a establecer metas para su familia basadas en su estilo.

Familias enfocadas: ¿Cuál es su estilo?

La familia liderazgo. Estas familias se caracterizan por la acción, son directas, están al mando, y también influencian sus comunidades. Se puede confiar en ellos cuando dirigen eventos y organizaciones en la iglesia, la escuela y en la comunidad. Dios usa estas familias para construir más líderes a través de las generaciones. Su mayor contribución es su capacidad de tomar decisiones. Su motivación clave es la influencia. El lado negativo de este estilo familiar es que si no están dirigiendo, se vuelven duros y críticos. Los líderes fueron hechos para dirigir.

La familia misionera. El amor en estas familias es tan grande como el mundo. Toman la iniciativa de salir, compartir su fe, tener un enfoque mundial o recorrer el mundo. Disfrutan de diferentes culturas y están dispuestos a invertir tiempo y dinero para educarse, aprender idiomas y formar relaciones con los de otras culturas. Dios usa estas familias para construir puentes y derribar barreras. Su mayor contribución es su capacidad para abrir puertas de oportunidades para impactar otras culturas. Se motivan cuando ven cambio. El lado negativo de esta familia es que si no se están acercando a otros, se retraen y se vuelven tímidos como si hubieran perdido la esperanza.

La familia hospitalaria. El amor se expresa con una política de puertas abiertas, brazos abiertos y casa abierta. Estas familias viven en hogares que están organizados y que son amigables, y su vida es segura y predecible, para que otros se sientan cómodos a su alrededor. Crean un entorno estable con rutinas, preparación y atención al detalle. Disfrutan sirviendo a otros, así que Dios usa estos hogares para criar hijos con actitudes de siervos. Su mayor contribución es que sus hogares son refugios de esperanza y ayuda para los que entran. Les motivan las relaciones. Si estas familias se vuelven hacia adentro en lugar de hacia fuera, se ensimisman, construyendo castillos de autoindulgencia en lugar de centros cariñosos de esperanza.

La familia generosa. El amor se expresa dando. Estas familias son buenos trabajadores en red, ambiciosos y enfocados en otros, y les encanta compartir su tiempo, talento y tesoros. Se gozan con los que se gozan y lloran con los que lloran. Les gusta ayudar a que otros tengan éxito. Tienen una cultura familiar de apoyo. Su mayor aportación es su compromiso a fortalecer y ser un recurso para los ministerios de otras personas. Varios de nuestros amigos con este estilo familiar tienen fundaciones familiares que dan miles de dólares a causas dignas cada año. Les motiva el éxito y ven resultados positivos al compartir. El lado negativo de estas familias es que si no dan, se inquietan, yendo de actividad en actividad sin enfoque, y a menudo su aportación se queda sin explotar o pierde su enfoque.

La familia servicial. El amor se expresa sirviendo de maneras tangibles. Estas familias son humildes, trabajadoras, desinteresadas, diligentes, y no quieren recibir la atención por lo que hacen. Se sienten cómodos supliendo necesidades, así que su hogar tiene una cultura de ayudar y echar una mano. No necesariamente tienen las ideas, pero cuando ven una buena, se lanzan de todo corazón. Su mayor contribución es que la obra de Dios queda estabilizada y asegurada por medio de estas familias. Siempre se puede contar con ellas y les motiva sentirse necesitados. Cuando no sirven, pueden tener tendencia a vagar, sin saber dónde o cómo participar para marcar la diferencia.

La familia animadora. El amor se expresa mediante la compasión. Estas familias son empáticas, y quieren ayudar a las personas a sanar (emocionalmente, físicamente o espiritualmente). Se involucran con la gente, pacientes, perdonadores y aparentemente incansables en su capacidad para caminar junto a la gente. Su mayor contribución es su capacidad para preparar a personas para un futuro servicio asegurando la recuperación y renovación. Cuando estas familias no animan, se pueden volver letárgicas.

La familia maestra. El amor se expresa mediante la impartición de información. Estas casas son predecibles, disciplinadas, organizadas y comprometidas con el proceso. Tienen una cultura familiar de ayudar a que la gente aprenda. Son pacientes, investigan, y siempre tienen una manera de encontrar una respuesta o solución. Su mayor aportación es su capacidad para preparar a las personas para transmitir la verdad. Les motiva saber que están ayudando a mantener una norma de verdad. Si no enseñan, se pueden volver introspectivos, dedicando todo su tiempo y energía a ellos mismos en vez de dedicárselo a otros que lo necesitan más.

La familia expresiva. El amor se expresa de formas artísticas, creativas y espontáneas en estos hogares. Estas familias son intensas, idealistas, se emocionan fácilmente y a veces son poco convencionales. Su mayor contribución es la inspiración. Nos conmueven mediante el arte, la danza, la música, la escritura o el teatro. Se motivan si pueden tocar vidas emocionalmente. Si no crean o expresan, se pueden volver erráticos e impredecibles.

¿Qué estilo o estilos de familia refleja más a su familia?

- familia liderazgo
- familia misionera
- familia hospitalaria
- familia generosa
- familia servicial
- familia animadora
- familia maestra
- familia expresiva

Hemos observado que algunas *familias toman* y algunas *familias dan.* Las familias que dan, por lo general tienen hijos que son buenos en la escuela, socialmente y moralmente, al ser liderados mediante el ejemplo en rasgos que forman una persona fuerte y una sociedad fuerte. Creen una familia que da. Descubran y vivan su enfoque familiar particular.

Pueden comenzar un legado de amor. ¿Qué quieren dejar en los corazones y las vidas de aquellos que están en la estela de su vida y amor? Cada día tenemos la oportunidad de vivir el legado que queremos dejar. Estas son algunas ideas para afilar su enfoque:

1. Escriban dos o tres cosas que les gusta hacer como pareja que creen que harán que el mundo sea un lugar mejor.
2. ¿Qué les gusta hacer a su familia, o por qué son conocidos?
3. ¿Qué les caracteriza? ¿Qué hacen como pareja casada y familia que pocas familias o parejas hagan?
4. ¿Cuáles son las marcas espirituales que podrían señalar al futuro que Dios tiene para ustedes?

5. ¿Qué legado quieren dejar para futuras generaciones cuando ustedes falten? Si se mudan a otra ciudad, ¿qué les gustaría que la gente extrañara de su familia? ¿Cómo terminarían los demás esta frase: "No es lo mismo sin que ustedes estén aquí. Ustedes siempre…"?

6. ¿Cuáles son sus versículos favoritos, eslóganes y citas? (Úsenlos en su declaración de misión).

7. Escriban una declaración de misión.

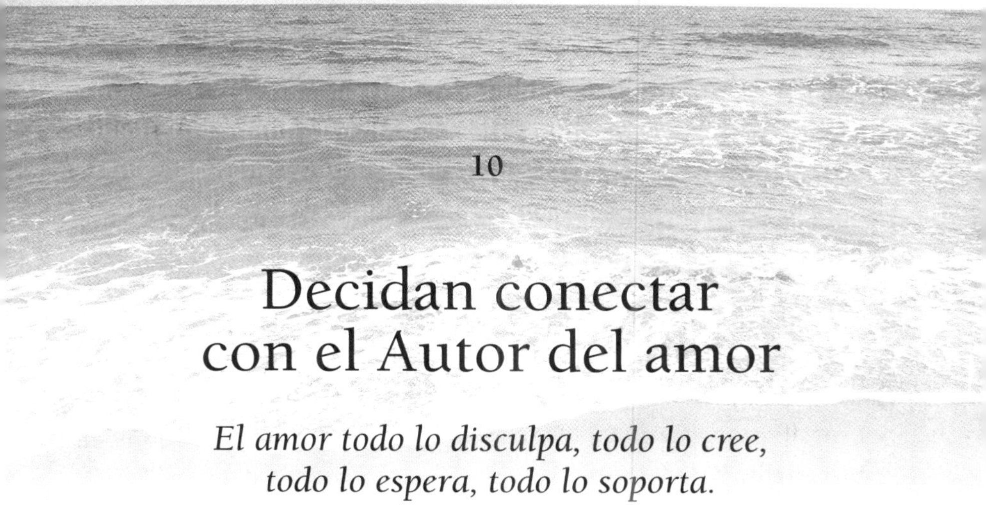

10

Decidan conectar con el Autor del amor

El amor todo lo disculpa, todo lo cree, todo lo espera, todo lo soporta.

Que se hagan mayores sobre una almohada.

—Brindis Armeniano

La primera pelea que tuvimos Bill y yo se produjo durante nuestro primer intento de estudiar la Biblia juntos. ¿Cuán extraño es eso? Es una imagen de lo serio que Satanás es a la hora de causar estragos en un matrimonio. Quizá ustedes hayan tenido una pelea de camino a la iglesia o decidiendo si ir o no a la iglesia.

Consideren estas estadísticas:

- El índice de divorcio para primeros matrimonios es aproximadamente del cincuenta por ciento. Sin embargo, los que oran juntos diariamente tienen un índice de divorcio de menos del uno por ciento.
- Las parejas que oran juntas evalúan su vida sexual con el mayor rango posible.

- Las parejas que asisten a la iglesia semanalmente también dan a su vida sexual el mayor rango posible de satisfacción.
- Las parejas cuyas amistades creen en el matrimonio monógamo duradero, tienden a tener matrimonios felices duraderos. Estas amistades podrían encontrarse en la iglesia local.[1]

¿Ven el patrón? Cuanto más espiritual es su matrimonio, más probable es que tengan éxito y satisfacción sexual. Cuanta más pasión por Dios tengan, más estarán disponibles para su matrimonio.

¿Ve por qué Satanás quiere impedir que oren, que lean la Biblia, que vayan a la iglesia? Él *sabe* que estas cosas causarán un cambio positivo en su relación.

Así que si la espiritualidad es la herramienta más poderosa para construir una relación duradera feliz y sexualmente satisfactoria, ¿cómo puede una pareja construir su vida espiritual?

Decidir hacerlo. Esto es claro y simple. Decidan que una vida espiritual es tan importante como estar en los partidos de fútbol de los niños. Es tan valiosa como ese tiempo semanal jugando al golf o ese partido de tenis. Decidan que el tiempo orando con su cónyuge cada día es tan vital como su ducha diaria o su parada diaria en la cafetería Starbucks. Decidan ir a ver al Maestro Constructor o el Arquitecto del amor: Dios.

Nuestros mentores en el ministerio son Jim y Sally Conway. En su libro *Traits of a Lasting Marriage* , revelan el secreto para un matrimonio duradero y feliz. Saquen pluma y papel y prepárense para escribir este descubrimiento transcendental: las parejas que tienen matrimonios duraderos y felices *deciden* tener matrimonios duraderos y felices. ¡Obvio! Esto parece simple, pero es difícil de aplicar en la vida diaria. Decidan que hoy será el día para construir espiritualmente su matrimonio. Después revisen para ver si tienen todas las herramientas que necesitan:

- Hablar con Dios.
- Obedecer la verdad.
- Vencer el mal.
- Leer la Biblia.
- Compartir con otros.

Hablar con Dios

Las parejas que oran juntas, permanecen juntas.

Un fin de semana, Bill y yo viajamos a una iglesia donde íbamos a estar como oradores. Mientras estábamos allí, una pareja parecía ser muy influyente. Escuchábamos de su amor en casi cada hogar y cada círculo de liderazgo al que fuimos mientras estábamos en la ciudad. Esta pareja había estado casada casi cincuenta años, y tenían un sencillo hábito que causaba un profundo impacto no solo en su amor sino también en otros cientos de personas. Juntos cada mañana, esta pareja tomaba café como hacen muchas otras parejas. Pero durante el café, hablaban de lo que les depararía el día a cada uno. Después simplemente se decían una frase o dos de bendición el uno al otro mientras oraban por las peticiones que tenía el otro. Cuando terminaban, se daban un beso y se iba cada uno por su camino con su corazón entretejido. Eran competentes en la primera herramienta: *Hablar con Dios.*

Yo (Pam) me quedé en una casa en Indiana después de toda una noche de vuelo. La pareja me impresionó tanto, que años después sigo recordándoles con cariño. Él era el hombre más positivo y empático que jamás haya conocido (aparte de Bill).

Llegué a las 6:30 de la mañana y tenía el tiempo justo para darme un baño y apresurarme para hablar en su iglesia. Ella era muy hospitalaria y él era tan positivo, que anhelaba sentarme sin prisa en su mesa de desayuno y aprender más de cómo otras parejas podían tener esa misma atmósfera en su hogar. Él elogiaba a su esposa, a mí y a la directora del ministerio de mujeres, la cual me llevaba en su automóvil. Su esposa era muy buena, servicial y hospedadora. Ambos tenían unas actitudes de servicio asombrosas y tenían un enfoque tan positivo acerca de la vida, que de camino a la iglesia le dije a la directora del ministerio de mujeres: "¡Caramba! ¡Son increíbles! ¿Siempre son así de positivos y empáticos y amables entre sí?"

Ella sonrió: "¡Siempre! ¡Y son así con todos en su mundo! Los conozco desde siempre."

"¡Entonces no es justo! ¡Desearía haberlos conocido desde siempre! Desearía poder clonar o embotellar lo que tienen en su matrimonio. Nuestro mundo sería un lugar mucho mejor, y conozco a muchos matrimonios que se salvarían."

Recuerdo la forma en que el esposo oró por cada persona en la mesa del desayuno. No fue solamente una oración. Fue más bien una bendición, enumerando los rasgos positivos de cada uno de nosotros y pidiéndole a Dios que bendijera y ungiera nuestro día. Me sentí muy fortalecida ¡aunque tenía falta de sueño! ¡Lo que obtuve ese día fue mucho más refrescante que lo que unas horas con los ojos cerrados me hubieran dado! Obtuve una visión que mejoró mi propio amor y que he transmitido a otros.

¿Por qué orar? Hemos visto estadísticas increíbles que muestran que la oración funciona como el pegamento en un matrimonio, y hemos sido testigos nosotros mismos del poder de la oración. La oración es como una ventana al corazón de su cónyuge. Raras veces somos falsos en la oración. Raras veces estamos enojados con alguien cuando escuchamos sus conversaciones con Dios. Las personas revelan más de ellos mismos en la oración que en cualquier otra forma de comunicación. Se deshacen de las excusas y las máscaras. Se abren y son vulnerables ante Dios. Como la oración es intimidad con Dios, un subproducto natural de orar juntos es la intimidad el uno con el otro.

Incluso una persona orando puede impactar un matrimonio. Una vez estábamos en un programa de televisión con un cantante de música country. Nos contó cómo su esposa le expresaba su amor cuando él vivía alejado de Dios. Ella le abrazaba en la cama, apretaba su pecho o su espalda, y oraba bendiciones en voz alta para él. Al principio, dijo que le molestaba porque ella sabía que él realmente no creía en Dios, pero después comenzó a ver a Dios responder algunas de las peticiones. En breve, comenzó a pedirle a su esposa que orase por ciertas áreas de su vida y responsabilidades. Así comenzó él a confiar en ella y en esas oraciones nocturnas tanto, que si estaba en la carretera llamaba a casa para pedirlas. Aunque ella estaba adormecida, ¡él la despertaba para que orase por él! Finalmente, el amor se abrió paso, y en una de esas noches en la cama, él oró y pidió que Cristo entrara en su vida. Ahora oran juntos, pidiendo las bendiciones de Dios sobre el otro cada noche.

Louis Evans, antiguo pastor de la iglesia Hollywood Presbyterian, dijo que nunca conoció a una pareja que se divorciara después de orar juntos, de rodillas, cada día durante una semana. El Dr. Paul Tournier escribió que "cuando cada una de las partes del matrimonio busca calladamente ante Dios para ver sus propias faltas, reconoce su pecado y pide perdón al otro, los problemas matrimoniales desaparecen… Aprenden a ser totalmente honestos con el otro." La oración es ser honesto con Dios. La oración en el matrimonio es ser tan honesto que usted permite que su cónyuge escuche disimuladamente la conversación. El verdadero usted se expresa en oración.

Bill y yo oramos juntos varias veces al día. Al salir por la puerta, nos interesamos por el día del otro y oramos con nuestros brazos alrededor del otro. En medio del día, ya sea cuando nos reunimos para almorzar o por teléfono, oramos por el otro. Cada noche en la cena y de nuevo al irnos a dormir hacemos una simple oración el uno por el otro. Estas oraciones a menudo no son largas ni particularmente espirituales, pero siempre son honestas. Incluso cuando estamos enojados con el otro, oramos: "Dios, no nos va muy bien. ¡Ayúdanos!"

Nuestros momentos favoritos y más íntimos de oración han sido oraciones de agradecimiento después de haber hecho el amor y al estar aún entrelazados.

Cómo orar

A Dios le importa más la actitud del corazón de usted que cualquier fórmula, regla o palabras que pueda usar en oración. Pero como la oración puede ser tan intensamente personal y emocional, las parejas a menudo preguntan cómo pueden orar juntas.

Nos gusta usar estos puntos sencillos cuando oramos. Piense en estos hechos de la oración:

- *Primer turno le corresponde a Dios.* Nos gusta leer una porción de la Escritura y luego hacer una pausa para tener un momento de silencio mientras pensamos en su significado y escuchamos al Espíritu Santo de Dios grabando algo en nuestro corazón o nuestra mente.
- *Adoración.* Juntos alabamos a Dios por su carácter y atributos. A menudo, simplemente enumeramos de la *A a la Z*

las cualidades que valoramos de Dios. Por ejemplo, Él es asombroso, bello, cuidadoso, y así sucesivamente.

- *Confesión*. Cuando oramos juntos, por lo general nombramos las áreas de pecado y los defectos con los que luchamos. Esto no solo hace un borrón y cuenta nueva con Dios sino que también rompe barreras y muros que haya entre nosotros. Si yo (Pam) oigo a Bill confesar que ha estado luchando con el egoísmo, el temor al fracaso o cualquier asunto, obtengo compasión y entiendo por qué se ha podido comportar de cierta manera. La oración es una ventana al corazón.

  También, cuando oigo a Bill orando por cierta área de la vida, puedo estar segura de que Dios tiene su atención. Esto acaba con las quejas. ¡No tengo que recordarle a Bill nada de lo que el Espíritu Santo ya le esté hablando!

- *Agradecimiento*. Esto es apreciar a Dios por lo que ya ha hecho. Es contar las bendiciones que ustedes tienen. Una manera de superar los sentimientos negativos hacia su cónyuge es orar juntos y dar gracias a Dios el uno por el otro. Mientras se dan la mano, enumeren todos los rasgos positivos maravillosos que puedan de su cónyuge. Esto por lo general le hace darse cuenta de que tuvo buen gusto cuando escogió a la persona que ama. Cuando menosprecia y critica a su cónyuge, ¡realmente está abofeteando la propia capacidad de usted de tomar una buena decisión! En su lugar, elógiese a usted mismo y a Dios afirmando a su cónyuge en oración (¡y también otras veces!).

- *Lista de la compra*. Esto es cuando presenta a Dios las peticiones que están en su corazón por usted, su cónyuge, su familia y el mundo. Imagínese a Dios como un Padre benevolente que quiere darle lo mejor para usted. Dios puede ver el cuadro completo.

En una conferencia donde éramos oradores, conocimos a una señora que se encontró a su esposo en la cama con su mejor amiga. Ella no sabía qué hacer, pero como harían la mayoría de las mujeres, quería o matarle o divorciarse. Cuando ella oró, sin embargo, sintió que Dios quería que le perdonara.

Entonces ella oró: ¿Cómo? Lentamente, día a día, Dios reveló cosas específicas que ella podía hacer, decir y pensar. Desgraciadamente, él quería dejar el matrimonio. Le dijo algunas cosas muy dolorosas, como: "Te odio. ¡Nunca estuve enamorado de ti!"

La conexión de ella con Dios era tan fuerte que simplemente respondió con la verdad: "No recibo eso. No lo creo. Te amaba cuando dije 'Sí, quiero', y creo que tú también me amabas."

Durante meses, él continuó distanciándose de ella y diciendo cosas dolorosas. Ella continuó respondiendo calmadamente con la verdad. Ella volvió a expresar su compromiso con su matrimonio de nuevo una noche después de que él había sacado una larga lista de comentarios muy dolorosos.

Con calma y confianza respondió: "Te amo. Decido amarte. Ya te he demostrado que nada te apartará de mi amor. Decido quedarme contigo, y creo que esta es la opción que tú también quieres escoger."

Su esposo se arrodilló, se aferró a su falda, puso su cabeza en su regazo y sollozó. Él le dijo después que fue tan desagradable con ella porque sentía que no era digno en absoluto ni de ella ni de su amor. Él la estaba alejando, amenazándola con dejarla antes de que ella pudiera dejarle a él. Temía no poder sobrevivir emocionalmente si ella se iba. El amor incondicional de ella, su compromiso con la verdad y sus oraciones le dieron la vuelta a su matrimonio.

En la actualidad, años después, él la adora, y tienen más hijos y una vida feliz y estable juntos. Sus pruebas podrían haber destruido su amor, pero Dios las convirtió en los clavos mismos que sostenían su amor.

Obedecer la verdad

Kurt y Sherri llevan casados veinticinco años. Cuando les preguntamos cuál fue el día más feliz de su vida aparte del día de su boda, Kurt respondió: "El día de Semana Santa que acepté a Cristo." Sherri siguió explicando que Kurt aceptó a Cristo en su vida en Semana Santa. Pocos días después, el Día de la Madre, Sherri tomó la decisión de aceptar a Cristo como su Salvador. Su hijo tomó la misma decisión una semana después, y su hija dos semanas después de eso. En el periodo de un mes, toda su familia experimentó una transformación de vida radical.

Kurt y Sherri dijeron que su matrimonio iba cuesta abajo antes de aceptar a Cristo. Son muy distintos el uno del otro. Kurt es despreocupado y calmado. Sherri tiene mucha energía y motivación. Ven el dinero de forma distinta. Uno es derrochador y el otro ahorrativo. Sherri tiene una idea y piensa que Kurt debería hacerlo. Antes de conocer a Cristo, Kurt a menudo respondía a las ideas de ella con: "Oye, espera un minuto. ¡Pensaba que era yo el que estaba al mando!"

Cuando les preguntamos qué consejo darían a unos recién casados, Kurt dijo: "Una de las razones por las que me casé con Sherri es que estaba decidida a perseverar. Y cuando nos casamos, yo también supe que había hecho un compromiso. Cuando las cosas se ponían feas, decía: 'Hice un compromiso delante de

Dios. Romper el compromiso no es una opción. El voto fue una vez y para siempre'. Intento ponerme las lentes de Dios y ver a Sherri igual que Dios la ve."

Sherri sonrió a su esposo con admiración y añadió que cuando las cosas se ponen difíciles para una pareja, ellos deberían "regresar a la simplicidad. Preguntarse: '¿De quién me enamoré?' Regresar y comenzar a enamorarse de nuevo." Cuando las cosas se ponen realmente difíciles, Sherri dice: "¡Vayámonos al cine y tomémonos de la mano!"

Ella dice: "La batalla es del Señor. A veces la vida es una montaña rusa, y a menos que ambos estén firmes en su fe y crean todo lo que Dios dice en su Palabra, Satanás puede hacerles pedazos."

Kurt está de acuerdo. "El amor a largo plazo es cien por ciento la gracia de Dios. Cuando no estoy satisfecho con Sherri o alguna de sus conductas me molesta, sé que Dios está trabajando en *mi* vida."

Sherri asiente en acuerdo. "Y si yo me frustro, soluciono el problema llevándolo a Dios en oración. Cuando ambos somos humildes y oramos, Dios envía una respuesta."

Gálatas 5:25 dice: "Si el Espíritu nos da vida, andemos guiados por el Espíritu." Nos mantenemos al compás de Dios mediante la obediencia, momento a momento. Hagan cualquier cosa que Él les diga, en el momento en que se lo diga.

Muchos pasos de obediencia pueden en verdad ser como pegamento para acercar a una pareja espiritualmente. La semana pasada, Bill y yo conocimos a una pareja casada casi cincuenta años que se bautizaron hace muchos años. Decir que ambos son seguidores de Dios puede actuar como pegamento instantáneo para el alma. El ayuno puede ser útil si están intentando tomar una decisión y tener un mismo sentir, o si uno de los dos tiene necesidad. Otras disciplinas de la fe que pueden unir dos almas incluyen la comunión, la contemplación, meditación en un centro de retiros espirituales, o simplemente ir a caminar y orar.

Una de nuestras tradiciones favoritas es ir al centro de conferencias Hume Lake y subir hasta una cruz en Inspiration Point para dejar nuestras peticiones de oración en la "pequeña capilla marrón". Siempre vamos a Hume cuando necesitamos avivamiento o sabiduría. Cuando estábamos recién casados, a menudo íbamos a la playa. Bill tocaba la guitarra, y cantábamos, alabábamos a Dios y orábamos juntos. Adorar, ya sea con grupos o en pareja, sigue siendo una de las actividades que acerca nuestros corazones al enfocarnos ambos en el cielo.

Vencer el mal

A veces no encuentran ningún problema real, ningún asunto importante. Tan solo se enojan o desilusionan con su cónyuge. Si están en el ojo público o en el liderazgo, las probabilidades son mayores y los ataques sobre su matrimonio pueden ser más intensos. Hace años, el cómico Flip Wilson popularizó la frase: "¡El diablo me hizo hacerlo!"

No debemos negar nuestra responsabilidad personal en manera alguna. Somos cien por cien responsables de nuestras acciones, actitudes y palabras. Pero Satanás tiene interés en crear conflictos. En 1 Corintios 14:33, el apóstol Pablo explica que Dios no es un Dios de desorden (NVI) o confusión (RVR1960). Satanás es enemigo de Dios, ¡y su herramienta favorita es la confusión! Satanás quiere que usted malentienda las palabras de su cónyuge. Quiere que malinterprete las acciones de su cónyuge hacia usted. Quizá el amor de ustedes esté intacto y saludable, pero en la casa de espejos de Satanás, su percepción puede estar distorsionada. Así es como actúa Satanás. La mejor manera de manejar esas distorsiones es tomarse de las manos y orar en voz alta: *Jesús, tu amor es mayor que nuestro problema. Tu Palabra dice que amamos porque tú nos amaste primero. Así que mediante tu sangre en la cruz, nos afirmamos en ti. ¡Ordenamos que Satanás y todos sus demonios nos dejen tranquilos ahora mismo! Dios, ¡tu amor es mayor!* ¡Venzan con el bien, el mal!

Las parejas que regularmente defienden su matrimonio y ordenan a Satanás que se aleje de ellos tienen matrimonios muy fuertes que parece que nada puede derribar. Han sobrevivido a despidos, años rebeldes de pródigos, reveses económicos, diferencias de personalidad, y muchas otras cosas. Tienen una confianza que dice: "¡No te metas con nuestro amor!"

Hemos descubierto que cualquier cosa sobre la que escribimos o enseñamos se convierte en el lugar favorito de ataque de Satanás. Él quiere socavar la credibilidad. Por ejemplo, nuestro primer libro sobre el matrimonio se tituló *Pure Pleasure* , y trataba de la sexualidad. Tenemos una vida sexual frecuente, plena y divertida. Pero mientras terminábamos ese libro y nos preparábamos para enviarlo a la publicadora, ¡estábamos atacándonos el uno al otro! Yo (Pam) estaba muy preocupada, y comencé a investigar los programas y centros de intervención matrimonial, pidiendo información de los costos para ver dónde podíamos ir el día que enviásemos el manuscrito. Le llevé la lista a Bill para forzarle a ir. Bill dijo: «Pam, te amo. Sabes que haría cualquier cosa por ti. Y tú me amas, ¿no es cierto?» Yo asentí. «Antes de emplear todo este tiempo y dinero, veamos si podemos descubrir los problemas con los que estamos tratando.» Entonces él enumeró problema tras problema, y preguntó: «¿Es esto?» Mi respuesta era siempre no.

«Cariño», pregunté, «¿por qué parece que no tenemos ningún asunto serio y aun así estoy tan enojada contigo?»

«Creo que Satanás quiere que estemos enojados el uno con el otro», respondió él. «Somos modelos a seguir de una sexualidad saludable, y eso enoja a Satanás.»

Yo dije: «¡Entonces estoy preparada para enojar más a Satanás!» Tomé a Bill de la mano y le llevé a nuestro dormitorio. Oramos y disfrutamos el uno del otro, despreciando y menospreciando a Satanás con nuestro amor.

Leer la Biblia

A menudo, la Palabra de Dios proporciona un telón de fondo para nuestro pensamiento. Produce perspectiva. Nuestros amigos Randy y Debe han estado casados treinta años. Debe explica una idea de cómo la Palabra de Dios aporta perspectiva:

> "¡No sé cómo podremos llegar a llenar esta casa tan grande!" Aún recuerdo esas palabras como si fuera ayer. Hace treinta años, estando recién casados, esa era mi perspectiva al estar de pie en medio de nuestra casa nueva. ¡Cómo cambió mi perspectiva veinte años y cuatro hijos después! Estaba de pie en la misma casa y dije: "¡Esta casita no es lo suficientemente grande para todos nosotros!"
>
> Nuestra hija volvía a casa después de un año fuera en la universidad, y sentía que era importante para ella tener su propia habitación. Entonces se me ocurrió... ¡el garaje! Podíamos convertir parte del garaje en una habitación para ella. Lo único que había en el garaje era la barca de Randy, herramientas y equipos de pesca (mi perspectiva). Cuando le sugerí a él por primera vez la idea, su primera reacción fue que él necesitaba una

> habitación para proteger su barca (su perspectiva). A eso respondí: "¿Qué es más importante para ti: proteger tu barca o tu hija? (Sin intención de hacerle sentir culpable, por supuesto.) Con eso, su perspectiva cambió rápidamente. Pareció un poco tímido y luego se fue a Home Depot para conseguir los materiales para nuestra nueva remodelación.

Cuando su pensamiento está guiado por la Palabra de Dios, de forma natural buscará la situación en la que todos ganen en amor. Estar diariamente en la Palabra de Dios influencia su manera de pensar y sentir. En nuestros regalos de boda para el otro, inscribimos las palabras de 1 Juan 4:19 (NTV): "Nos amamos unos a otros, porque él nos amó primero." El mismo libro de la Biblia nos enseña que Dios es amor, así que una manera de ver resultados inmediatos en su matrimonio es pasar tiempo con el Autor del amor cada día en su Palabra. Comenzará a reflejar amor a los que le rodean. Tomará decisiones para amar. Debe sigue compartiendo un día en que el amor reinó en su hogar:

> Algunas parejas sueñan con tener una casita con una valla blanca, dos gatos en el jardín y un porche con una mecedora. Aunque todo eso suena bonito, lo único que yo realmente quise siempre fue tener una chimenea. Cuando mi esposo y yo buscamos nuestro primer hogar, esa era una prioridad definitiva. Finalmente nos decidimos por la casa en la que hemos estado viviendo durante los últimos treinta años. Lo primero que observé cuando fuimos a la casa fue que no tenía chimenea… no había hogar. No tuve que decir ni una palabra. Mientras estábamos de pie en medio del salón,

> Randy me dio un abrazo y dijo: "No te preocupes, Deb, algún día yo mismo te construiré una chimenea."
>
> Bueno, ese "algún día" se convirtió en años, y tres hijos después, los planes para una chimenea se olvidaron. Bien, no del todo. Cosas como pagar las facturas y alimentar y vestir a los niños tenían prioridad. El dinero estaba muy justo, especialmente durante las vacaciones. Pero hay una Navidad que nunca olvidaré. Los regalos debajo del árbol eran pocos; Randy y yo habíamos decidido no gastar dinero en regalos el uno para el otro ese año. El día de Nochebuena empleé un tiempo especialmente largo acostando a los niños. La emoción de la mañana de Navidad siempre hacía que para ellos fuera difícil dormirse. Cuando finalmente serví el último trago de agua, les di el último beso de buenas noches a todos e hice la última oración, suspiré mientras me dirigía al salón para unirme a Randy en la tarea de envolver los regalos de última hora. En cambio, entré en una habitación cálidamente iluminada donde él estaba sentado sobre una manta. A sus espaldas había una chimenea que él había hecho con cartones, con un tronco encendido que se enchufaba. La luz del "fuego" estaba parpadeando, y mis ojos se llenaron de lágrimas. Nos acurrucamos delante de nuestra chimenea, el regalo más tierno que jamás he recibido.

Para asegurar que usted y su cónyuge agarran la Palabra, imagínese con su mano estirada y alguien entregándole un documento importante. Inmediatamente, usted agarra ese importante tesoro con sus cinco dedos. Para asegurar la Palabra en su hogar y en su corazón, despliegue la palabra de cinco formas:

1. *Oír.* Asistan a la iglesia semanalmente y tomen notas o escriban los pensamientos clave del sermón directamente junto al texto de su Biblia, para que estén ahí para futuras referencias. Pongan la radio y la televisión cristiana. Compren mensajes de autores o compren audio libros.

2. *Leer.* Cada día, saquen un devocionario y pasen entre cinco y quince minutos con Dios. Diseñamos nuestra guía de estudio para *Los hombres son como waffles, las mujeres como espaguetis* para ayudar a las parejas a hacer esto juntos.

Uno de nuestros cuatro mentores, Norm Wright, escribió *Momentos de quietud para matrimonios* para ayudar a las parejas a estar juntos en la Palabra. Pasar tiempo a solas con Dios es del mismo valor. A menudo es cuando Dios consigue mi atención y yo oigo el susurro: La forma en que hablaste a Bill anoche no estuvo bien. Ve y discúlpate.

Una de mis formas favoritas de leer la Palabra de Dios diariamente es de *The Daily Bible* , que tiene un formato para que la gente lea toda la Biblia en un año. *Daily Light for the Daily Path* ofrece lecturas de mañana y de noche de versículos agrupados por temas. Animamos a las personas a encontrar una traducción de la Biblia que les hable. Una versión moderna podría ser buena para usted. Bill y yo preferimos traducciones más literales como la NVI. La clave es encontrar una Biblia que disfrute leyendo, ¡y luego que la lea diariamente!

3. *Estudiar.* Solo leer está muy bien, pero sacarán más partido a la Palabra si indagan un poquito más. Incluso la práctica sencilla de hacer unas preguntas al texto les ayudará a aprender a aplicarla más a su vida. Prueben este método inductivo:

A. *Observación.* ¿Qué dice? Observen el tono, palabras que se repiten, listas y otros datos simples acerca del texto.

B. *Interpretación.* ¿Qué significa? Busquen las relaciones de causa y efecto, palabras que no entienden, y el punto principal del autor.

C. *Aplicación.* ¿Qué significa para mí? Construyan un plan para aplicar la enseñanza a sus propias vidas.

Estar en un pequeño grupo de estudio bíblico donde las parejas se reúnen a leer y comentar la Biblia influenciará positivamente su matrimonio. Oirán muchas perspectivas, verán cómo la Palabra actúa en otras vidas, y aprenderán a aplicar lo positivo a su propia vida. Tomen la iniciativa, inviten a algunos amigos, y comiencen un estudio de parejas.

4. *Memorizar.* Cuando estamos pasando por un momento difícil, uso el software bíblico de mi computadora para buscar versículos que hablen sobre el tema que estamos tratando, como el dinero, la intimidad o nuestro futuro. Selecciono unos pocos para guiar mis oraciones durante todo el día. Así, también estoy memorizando la verdad para que esté disponible cuando la necesite. Versículos como: "La respuesta amable calma el enojo" y "Todos deben estar listos para escuchar, y ser lentos para hablar y para enojarse" a menudo nos ahorran tener una disputa. Versículos como: "Yo he venido para que tengan vida, y la tengan en abundancia" y "Porque yo sé muy bien los planes que tengo para ustedes… a fin de darles un futuro y una esperanza" nos dan confianza cuando pasamos por circunstancias difíciles en nuestra vida. Cuando la verdad llena nuestra mente, contrarresta los mensajes negativos que nos bombardean diariamente.

5. *Meditar.* Esto no es lo mismo que el vaciar la mente de la filosofía oriental. Meditar en la Palabra de Dios significa que piensa en ella y en cómo aplicarla a su vida. El método de Ruth Graham de meditación en la verdad de Dios es un gran ejemplo.

Billy estaba siempre de viaje, y ella se quedaba con una casa llena de hijos. Ella anhelaba estar más tiempo en la Palabra de Dios, así que simplemente abría su Biblia y la ponía en la encimera de la cocina. Siempre que pasaba junto a la Biblia, leía una frase y pensaba en ella durante unos momentos. La Palabra de Dios "entraba" en su corazón y en su vida. Una forma en que Bill y yo meditamos es escuchando la Biblia en CD y versículos con música. Un fondo musical para la verdad ayuda a que la verdad se quede en nuestra mente y nuestro corazón.

Compartir con otros

¿Por qué algunas parejas parecen vivir siempre felices? ¿Cómo pueden remodelar su vida amorosa y convertir una casa destartalada en un hogar de ensueño? Una clave para tener un matrimonio feliz es compartir con otros el amor que Dios les dio.

Yo (Pam) tenía una amiga que estaba alejada de Dios. Nunca se había casado pero tenía tres hijos, todos ellos de distintos padres. Cuando la conocí, vivía con un vendedor de pisos. Había intentado todas las prácticas espirituales que hay bajo del sol, y su última moda era visitar a los que leen la mano y llevar cristales para la buena suerte. Tenía todo tipo de preguntas acerca de Dios, así que le pregunté si quería aprender lo que la Biblia decía acerca de Dios.

Cada semana tenía preguntas, a menudo de un panfleto de la Nueva Era, como: "¡Jesús se aparece en el Coliseo!" Vaya. Estudiamos la particularidad de Jesús. Ella me oyó explicar que Jesús o bien era un mentiroso que murió por una mentira (algo que ninguna persona haría), o era un lunático (pero entonces ¿por qué tantos le consideraron un buen hombre y un gran maestro?), o Él debió de ser quien decía que era: el Señor. Estudiamos los atributos de Dios. Estudiamos la resurrección de Cristo. Estudiamos la credibilidad de la Biblia. Fue la escuela bíblica básica. Semana tras semana, ella tenía más preguntas pero ningún cambio de vida.

Me preocupaba su futuro y el futuro de sus hijos. Eso fue lo que me motivó al principio, pero me estaba desanimando un poco porque nada de lo que le decía parecía marcar diferencia alguna.

Entonces, un día, después de terminar nuestro estudio de la Biblia, habíamos planeado llevar a los niños a la playa juntas. En ese entonces, nuestro segundo vehículo estaba en la tienda, así que Bill iba a llevar su auto a casa para que yo lo pudiera usar. Él llegaba tarde, así que hizo lo que siempre hace cuando llega tarde: Se detiene y me compra flores cerca de donde vivimos por unos cuantos dólares. Entró, me dio un beso, dijo "Lo siento", y me dio las llaves y las flores.

Mi amiga entonces se giró hacia mí y me dijo: «¿Tu Dios hizo que él hiciera eso?»

«Imagino que se podría decir que sí. Sí, Dios guió a Bill a hacer eso.»

«De acuerdo, ¡estoy lista para conocer a tu Dios!»

Háganos caso

En una encuesta que realizamos, cada una de las parejas escribió acerca de la necesidad de que Cristo sea el centro del matrimonio. Un matrimonio añadió: "No se trata solo de tener la misma fe. La fe tiene que ser cristiana. A las mujeres no se les trata bien en muchas religiones, así que los matrimonios no son muy amables o atentos en muchas otras fes. Jesús, y su ejemplo de valorar a personas de ambos géneros como para morir por ellos, establece el fundamento sobre el que construir un matrimonio bueno y duradero."

Mientras estábamos en una convención de libreros cristianos, pregunté a algunos líderes nacionales con matrimonios de mucho tiempo qué consejo darían a las parejas. Kay Arthur, autora de *A Marriage Without Regrets* y cofundadora de Precept Ministries International, se apasiona al animar a las parejas a adentrarse en la Palabra. "Aunque solo uno de ustedes esté dispuesto a hacerlo, ¡la Palabra influenciará positivamente su relación!"

Jim y Elizabeth George, autores de *Un esposo conforme al corazón de Dios* y *Una esposa conforme al corazón de Dios*, dijeron que recordaban a sus propios hijos recién casados: "Lo que ustedes son en casa es lo que son." Enfatizan la importancia de vivir con amabilidad e integridad cuando nadie nos ve.

El consejo de Becky Burke fue tomar un día a la semana para divertirse, y su esposo, Dale, autor de *Different by Design* , aclaró lo que significaba eso: "Los matrimonios serían más fuertes si las parejas se tomaran un día libre; sí, ¡más sexo un lunes a media mañana tendría a los esposos más contentos!"

Las parejas que encuestamos también mencionaron la necesidad de orar y asistir a la iglesia. Todos destacaron que un buen sentido del humor es imperativo y que las parejas necesitan dedicar tiempo a hablar todos los días, encontrar cosas que les guste hacer juntos y tener otras actividades que hagan individualmente. Y hacer el amor a menudo. Estas son algunas frases cortas que merece la pena destacar:

Acerca del sexo:

- Hacer el amor regularmente. No entrar en el hábito de no irse a la cama juntos.

- El sexo es el mayor regalo de Dios, ¡después de la gracia! ¡Disfrútenlo! Si no lo disfrutan, ¡averigüen por qué y pongan la solución!
- No dejen de abrazarse y ser románticos.

Acerca de ser amables:

- Acuerden que están comprometidos el uno con el otro. Demuestren ese compromiso haciendo algo que el otro quiere hacer.
- Estudien acerca de la gracia para que ambos crezcan y aprendan a perdonarse el uno al otro.
- Encuentren cosas que su pareja disfruta mucho y hágalas por él o por ella.
- Sean siempre leales a su cónyuge y hablen bien del otro.
- No menosprecien a su cónyuge, y no sean sarcástico con el otro.
- No digan todo lo que piensan.

Acerca de hábitos que construyen el amor:

- No dejen que sus hijos le drenen su vida o la de su matrimonio.
- La sumisión es real; acéptenla.
- Dios está disponible y quiere ser la parte central de su matrimonio.
- Aprendan a jugar juntos y hablar de las cosas importantes antes de que se conviertan en asuntos más serios

- No se tomen todo personalmente.
- No intenten ser Dios para su cónyuge. Mantengan su enfoque en el Señor y conviértanse en lo que Él quiere que sean.
- No oren: *"Señor, ¡endereza a mi pareja!* Mejor digan: *"Señor, ¡enderézame!"*
- No se acuesten enojados. Se despertarán enojados a la mañana siguiente.
- Busquen amistades de apoyo con otras parejas.
- Vayan a consejería, e intenten hablar de sus problemas todo lo posible con antelación.
- Apaguen la televisión

Un matrimonio que está cerca de los cuarenta años juntos, dice: "En nuestra opinión, cualquier matrimonio que tiene estas dos cosas puede tener éxito:

1. Aprender a decirse la verdad en amor el uno al otro
2. Buscar los intereses del otro antes que los propios.

Como parejas casadas, nuestras instrucciones son claras. Todos deberíamos intentar ser como Cristo:

> Por tanto, si sienten algún estímulo en su unión con Cristo, algún consuelo en su amor, algún compañerismo en el Espíritu, algún afecto entrañable, llénenme de alegría teniendo un mismo parecer, un mismo amor, unidos en alma y pensamiento. No hagan nada por egoísmo o vanidad; más bien, con humildad

> consideren a los demás como superiores a ustedes mismos. Cada uno debe velar no sólo por sus propios intereses sino también por los intereses de los demás. La actitud de ustedes debe ser como la de Cristo Jesús, quien, siendo por naturaleza Dios, no consideró el ser igual a Dios como algo a qué aferrarse. Por el contrario, se rebajó voluntariamente, tomando la naturaleza de siervo y haciéndose semejante a los seres humanos (Filipenses 2:1-7).

La recompensa

Nos han llamado muchas cosas: Reverendo y su esposa Farrel, Mamá y papá, Bill y Pam. Pero cuando Bill susurra: "Ángel", me derrito.

Una noche, entendí que nuestro amor es un regalo maravilloso. Saqué papel y pluma y le escribí un poema a Bill para expresar lo muda que me hacía sentir cuando me amaba con el amor poderoso, protector y proveedor de Dios:

> Más allá de las palabras
> o las frases
> o la prosa escrita,
> Más allá de las líneas y la métrica
> y el ritmo
> y la rima,
> Más allá de una sílaba susurrada
> o el sonido liberado…
> El lenguaje no puede llegar
> al lugar donde tu amor
> me ha llevado.

Un matrimonio anciana se sentó en su porche en su mecedora mirando la puesta de sol en su sesenta aniversario. El marido miró a su esposa y preguntó: «Cariño, ¿qué les ha pasado a nuestras relaciones sexuales?»

Ella pensó por un momento y respondió: «No estoy segura, cariño. Ni siquiera nos enviaron una postal las navidades pasadas.»

Momentos de ser mentores

Han estado casados mucho tiempo? ¿Les ha dado Dios algo de sabiduría que pudieran compartir? Piensen en invitar a una pareja más joven a comer una vez por semana o una vez al mes para hablar de un capítulo de *Las 10 mejores decisiones que una pareja puede tomar*. Podrían usar 1 Corintios 13:4-8, 13 como sus versículos clave. Las siguientes preguntas e ideas pueden ayudarles a comenzar la discusión.

Capítulo 1. Decidan edificar un amor duradero

1. ¿Cuál ha sido su mayor sorpresa en el matrimonio?
2. ¿Cómo les gustaría que fuera su matrimonio dentro de cinco o diez años?

Capítulo 2. Decidan ser positivos

1. ¿Han experimentado un desastre emocional en su matrimonio? ¿Qué fue lo que lo provocó?
2. ¿Qué les ayudó a recuperarse?
3. ¿Qué han aprendido de la experiencia que puedan aplicar en una situación similar?

Capítulo 3. Decidan hablarse con amabilidad

1. ¿De qué formas ya se comunican con amabilidad?
2. Compartan una cosa sobre la comunicación que aprendieron de este capítulo.
3. ¿Qué es algo de este capítulo que les gustaría comenzar a hacer de forma más regular?

Capítulo 4. Decidan pelear limpio

1. ¿Cuál es su estilo de resolución de conflictos?
2. ¿Qué les gustaría cambiar de la forma en que manejan un desacuerdo?

Capítulo 5. Decidan que "nosotros" es más grande que "yo"

1. ¿Qué es lo que más valoran y aprecian de su familia de origen?
2. ¿Qué valores o hábitos familiares han cambiado (o tienen que cambiar)?
3. ¿Hay algo de su pasado que sigue siendo una influencia negativa?
4. ¿Qué es por lo general algo que se suele convertir en un problema?
5. Piensen en algunas otras formas de manejar los sentimientos o las conductas negativas.

Capítulo 6. Decidan mantener el sexo sugestivo

1. Describan la cita más romántica que han disfrutado jamás.
2. ¿Qué fue lo que le atrajo de su cónyuge cuando le conoció?

3. ¿Cuál ha sido el día más feliz de su matrimonio desde su boda?
4. Compartan cuáles son sus lugares románticos favoritos en su ciudad.

Capítulo 7. Decidan descubrir la motivación en la vida de su cónyuge

1. ¿Qué aprendieron sobre su cónyuge al leer este capítulo?
2. Describan una característica de la personalidad de su cónyuge que aprecian y que es opuesta a su personalidad. ¿Por qué aprecian esa característica?

Capítulo 8. Decidan abordar las transiciones

1. Describa la etapa de la vida o la transición que están experimentando en este momento.
2. ¿Qué cambios se producirán probablemente en los próximos años?
3. ¿Qué pueden hacer para prepararse para los que les esperan?
4. ¿Cuál ha sido su transición más difícil hasta ahora?
5. ¿Cómo aconsejarían a otros que manejaran esta transición difícil de una forma que fortalezca su matrimonio?

Capítulo 9. Decidan dejar un legado de amor

1. Lleven su declaración de misión matrimonial y su escudo familiar a esta reunión. Compartan su misión y el significado de su escudo.
2. ¿Qué legado les gustaría que dejara su matrimonio?
3. ¿Qué tradiciones familiares han establecido (o les gustaría

comenzar) para que sus hijos y nietos puedan beneficiarse de su deseo de construir un amor duradero?

Capítulo 10. Decidan conectar con el Autor del amor

1. ¿Cómo han usado recientemente alguna de las cinco herramientas para aferrarse de la Palabra (oír, leer, estudiar, memorizar, meditar)? ¿Cómo les gustaría comenzar a usar una?
2. ¿Están ministrando o siendo voluntarios como pareja? Si no, ¿podrían pensar en una forma en que les gustaría comenzar?
3. Todas las parejas tienen alguna historia de amor. ¿Con quién pueden compartir su historia de amor?

Ahora que han terminado de hablar de *Las 10 mejores decisiones que una pareja puede tomar*, ¡fijen una hora y un lugar para disfrutar de una cita doble juntos!

Preguntas para discusión en grupo

En cada uno de los capítulos a continuación, las preguntas de discusión en grupo están seguidas de un aperitivo de discusión para una cita nocturna especial. Saquen tiempo como pareja cada semana para disfrutar de un paseo, una cena fuera de casa, un paseo en automóvil o alguna otra actividad que les dé entre veinte y sesenta minutos de tiempo sin los niños para que puedan conectar emocionalmente. Conectar emocionalmente puede que les seduzca para estirar un poco el tiempo ¡y conectar también físicamente!

Capítulo 1. Decidan edificar un amor duradero

1. ¿Cómo describiría una inmobiliaria su matrimonio? (¿Bungaló acogedor y tranquilo en una zona segura? ¿Cabaña de aventura en la naturaleza? ¿Torre de apartamentos con buenas vistas?) Escriban un anuncio de dos líneas de inmobiliaria y úsenlo para presentarse usted y su cónyuge al grupo.

2. ¿Cuál ha sido su mayor sorpresa en el matrimonio hasta ahora?

3. Los versículos clave en los que se basa este libro son 1 Corintios 13:4-8, 13. ¿Qué rasgo del amor es más fácil para ustedes de mostrar? ¿Cuál es el más difícil?

4. ¿Qué les enseña cada uno de los siguientes versículos sobre construir un amor duradero?

   - Romanos 14:19
   - 1 Corintios 3:10
   - 1 Corintios 3:11-13

Aperitivo para una discusión de cita nocturna: ¿Qué sueños tienen para su matrimonio? Describan cómo les gustaría que fuera su matrimonio dentro de cinco años.

Capítulo 2. Decidan ser positivos

1. Este capítulo incluye once ideas para recuperarse de un desastre emocional. ¿Cuál es la más natural para ustedes como pareja? ¿Cuál es nueva para ustedes?

2. ¿Qué les ha enseñado su experiencia acerca de recuperarse de un desastre emocional?

3. ¿Qué han aprendido de los dos primeros capítulos que les haya ayudado a fortalecer su relación?

4. El matrimonio requiere mucha paciencia porque somos personas imperfectas. Lean cada versículo a continuación, díganlo con sus propias palabras y compartan cómo podrían aplicarlo a su matrimonio.

   - Gálatas 5:22-23
   - Efesios 4:1-3

- 1 Tesalonicenses 5:14
- 2 Timoteo 2:24

5. En las páginas xx-xx, Phil Callaway enumera cinco razones por las que él y Ramona han disfrutado de un matrimonio duradero. ¿Qué aprendieron de él que quieran aplicar a su propia vida?
6. ¿Qué circunstancias tienden a hacerles impacientar? ¿Qué hábitos o decisiones les ayudan a ser pacientes?
7. ¿Cómo puede ayudarles el hecho de tener una relación más fuerte con Dios a ser más pacientes?
8. ¿Cuál ha sido el problema más difícil para ustedes como pareja? ¿Cuál fue el secreto de su éxito?
9. Hagan turnos para orar el uno por el otro, pidiendo que cada persona experimente esta semana la paciencia que Dios da.

Aperitivo para una discusión de cita nocturna: Describa una vez en la que su cónyuge fuera extremadamente paciente con usted. Dele las gracias y comparta cómo le hizo sentir a usted la paciencia de él o de ella.

Capítulo 3. Decidan comunicarse con amabilidad

1. ¿Cuál es el mejor rasgo de su relación?
2. ¿Qué herramienta del garaje refleja mejor la forma en que por lo general se comunican o manejan el conflicto? Compartan por qué escogieron esa herramienta.
3. Pam y Bill hablan acerca de un malentendido que tuvieron.

Describan un malentendido anecdótico (o no tan anecdótico) que tuvieran como pareja. ¿Cómo resolvieron el malentendido?

4. Revisen esta lista del capítulo:
   - Revisar el momento.
   - Revisar la cercanía.
   - Revisar el tono de voz, lenguaje corporal y actitud.
   - Revisar con Dios.

   ¿En cuál de estas cosas trabajarán esta semana? ¿Por qué escogieron este punto?
5. Lean 2 Pedro 1:4-8. La amabilidad está en la lista de varias cosas que Dios quiere para nosotros. Definan estos términos en sus propias palabras y compartan cómo puede cada una fortalecer un matrimonio:
   - diligencia
   - excelencia moral
   - conocimiento
   - dominio propio
   - perseverancia
   - bondad
6. Revisen el "Plan Verizon":
   - Cambiarse de lugar (obtengan una perspectiva mejor).
   - Volver a llamar (eviten ser estáticos).
   - Llamar al operador (busquen ayuda).

   ¿Qué herramienta de comunicación les gustaría usar o aprender a usar con más eficacia?

Aperitivo para una discusión de cita nocturna. El final del capítulo incluye una lista de palabras amables y de afirmación, como: "Te amo," "Te aprecio," y "Somos un buen equipo." Escriban una carta de afirmación a su cónyuge. Enumere sus cualidades y fortalezas, y anoten las cosas que le atrajeron a él o a ella. Léanlo en voz alta en la cena. ¿Qué fue lo más amable que jamás le haya dicho su cónyuge? ¿Cómo se sintieron? ¿Recuerdan otras dos frases bonitas que le haya dado su cónyuge?

Capítulo 4. Decidan pelear limpio

1. Lo que les gusta de su pareja puede convertirse en algo que les moleste. Den la vuelta a la moneda y recuerden qué fue lo primero que le atrajo a él o ella. Presenten a su cónyuge al grupo como lo hacían al principio de conocerse.

2. Revisen la lista de estilos de resolución de conflictos. ¿Cuál les describe?
   - negociadores
   - polémicos
   - pacificadores
   - equipo de teatro
   - supervivientes
   - siervos

3. La envidia y los celos son primos pecaminosos. Vean si pueden encontrar alguna definición para cada uno. Aquí tienen algunos versículos de ayuda:
   - Job 5:2
   - Proverbios 3:31; 6:34; 14:30
   - Proverbios 23:17; 27:4
   - Eclesiastés 4:4
   - Cantar de los Cantares 8:6
   - Ezequiel 35:11

- Nahúm 1:2
- Hechos 13:45
- 1 Corintios 3:3
- Gálatas 5:19-21

4. ¿Cómo pueden la envidia o los celos causar conflicto en un matrimonio?

Aperitivo para una discusión de cita nocturna. Comiencen elogiando a su cónyuge al recordar una vez en que él o ella manejara bien un desacuerdo o diferencia de opiniones. Después identifiquen una cosa que les gustaría cambiar de la forma en que manejan los desacuerdos.

Capítulo 5. Decidan que "nosotros" es más grande que "yo"

1. Recuerden alguna vez en que su cónyuge dejó algo por usted.
2. ¿Cuáles son los resultados de trabajar en su matrimonio como un equipo? ¿Cuáles son los resultados cuando cada uno de ustedes intenta proteger sus propios intereses?
3. El orgullo mata el amor. Vivir de manera egocéntrica y las acciones narcisistas son comunes hoy día. ¿Se les ocurre alguna pareja en los titulares que exprese esta conducta egoísta?
4. Lean Isaías 14:10-23. El orgullo se remonta al comienzo de los tiempos. Dios creó a Lucifer como un ángel maravilloso y hermoso que dirigía la adoración a Dios. Pero Satanás decidió que él debería recibir la adoración. Sintió que era tan bueno como Dios: la personificación del orgullo. ¿Cómo se cuela el orgullo en un matrimonio?

5. Lean estos versículos y enumeren algunos de los resultados del orgullo:
   - Salmos 73:6
   - Proverbios 11:2;16:18; 29:23
   - 1 Juan 2:16-17

6. Piense en una persona que conozcan que sea orgullosa. ¿Cuáles son las reacciones de otras personas ante alguien que es orgulloso y presuntuoso?

7. Bill describe las poleas como frases imaginarias que queremos que sean ciertas, pero no lo son. ¿Qué tipo de malas excusas o reglas de relación inventadas son comunes hoy día? Este es un ejemplo:
   - Polea: El que grita más alto es el que gana la discusión.
   - La verdad: ¡Gritar nunca resuelve las cosas!

8. Lean Juan 8:32 y Romanos 12:1-2. ¿Qué dice Dios que hará que nuestra relación funcione?

Aperitivo para una discusión de cita nocturna.

1. ¿Qué fortalezas les gustan más de la familia de la que proceden? ¿Qué debilidades han vencido?

2. ¿Hay algún hábito negativo de su pasado que se cuele en su presente? ¿Qué asuntos o situaciones hacen que surjan esos hábitos negativos? ¿Cómo podrían manejar esos asuntos o situaciones con más eficacia?

Capítulo 6. Decidan mantener el sexo sugestivo

1. ¿Cuáles son un par de sus lugares románticos favoritos de su ciudad?

2. Describan la cita más romántica que hayan tenido jamás.
3. ¿Cuál ha sido el día más feliz de su matrimonio desde el día de su boda?
4. ¿Qué fue lo primero que le atrajo de su cónyuge?
5. El telón de fondo para una vida sexual sugestiva es ser desinteresado: estar enfocado en su pareja y no en usted. Lean Filipenses 2:3-5. Hagan su propia lista de entre cinco y diez rasgos de carácter y atributos de Cristo que puedan emular. ¿Cómo puede cada uno de los rasgos hacer de ustedes una mejor pareja, un mejor amante o un mejor amigo para su pareja?
6. Elogie a su pareja delante del grupo. ¿Cuándo ha sido él o ella más como Cristo? ¿Cuál es el acto más desinteresado que él o ella hizo jamás por usted?
7. ¿Cuándo les cuesta más ser desinteresados? ¿Qué les ayuda a cambiar su actitud y comenzar a enfocarse de nuevo en el otro?

Idea para una cita nocturna: Fijen una cita esta semana en la que cada uno haga al otro la principal prioridad de su tiempo desde que salen del trabajo hasta que se van a la cama. Quizá quieran tomar las peticiones a puertas cerradas en su dormitorio para que cada uno pueda amar a su cónyuge de sus formas favoritas. Dense el uno al otro los tres regalos mencionados en el capítulo:

- Admiración: Elogien a su cónyuge desde la cabeza hasta los pies.
- Anticipación: Llamen, escriban, manden un correo electrónico o den un regalo que diga "Estoy deseando estar contigo."

- Aventura: Pregunte a su cónyuge: "¿Qué te gustaría probar?"

Capítulo 7. Decidan descubrir la motivación en la vida de su cónyuge

1. Describa una característica de la personalidad de su cónyuge que aprecie y que sea opuesta a su personalidad. ¿Por qué aprecia esta característica?
2. Lean Proverbios 22:6; Salmos 139:13; Jeremías 1:5. ¿Qué nos dicen estos versículos acerca de la forma en que Dios nos crea?
3. ¿Qué herramienta que comúnmente se encuentra en una caja de herramientas o garaje describe a su cónyuge? (¡Sean halagüeños!)
4. Revise sus herramientas motivacionales personales:
   - tipo de temperamento
   - tipo de resolución de conflictos
   - tipo de aprendizaje
   - lenguaje de amor
   - orden de nacimiento
   - tipo de relajación y recarga
   - don espiritual
   - tipo de economía
   - tipo de crianza

   ¿Qué han aprendido de sí mismos esta semana? ¿Qué han aprendido de su cónyuge?
5. ¿Cuál es el beneficio de conocer las fortalezas de cada persona de su familia? ¿Cómo puede el hecho de conocer esta información sobre su cónyuge fortalecer su matrimonio?

Aperitivos para una discusión de cita nocturna:

1. ¿Qué aprendieron acerca de ustedes mismos esta semana que su cónyuge debería saber?
2. ¿Cuál es una de sus fortalezas que pueda compartir más con su familia?
3. Elogien a su cónyuge por una de sus fortalezas.

Capítulo 8. Decidan abordar las transiciones

1. Lean Eclesiastés 3. Hay un tiempo para todo bajo el cielo. ¿En qué etapa de la vida o transición están ahora?
2. ¿Qué etapa de la vida o transición es más probable que experimenten en los próximos años?
3. ¿Qué pueden hacer para prepararse para lo que les espera?
4. ¿Cuál ha sido su transición más difícil hasta ahora?
5. ¿Cómo animarían a parejas más jóvenes a manejar las transiciones de una forma que les produzca un acercamiento entre ellos?
6. ¿Hay algún versículo de la Biblia en concreto que les haya dado fortaleza en una etapa difícil de la vida? Compártanlo con el grupo.
7. Lleven su declaración de misión de matrimonio y su escudo familiar a la reunión de la próxima semana.

Aperitivo para una discusión de cita nocturna: ¿Qué puede que les espere en los próximos cinco años? Hagan un plan que les ayude a navegar con éxito por las siguientes transiciones de la vida.

Capítulo 9. Decidan dejar un legado de amor

1. ¿Qué palabra o símbolo describe mejor su matrimonio?
2. Lean Salmos 33:11; 45:17; 71:18; 145:4. ¿Qué verdades debemos transmitir de generación en generación?
3. Compartan su declaración de misión y su escudo familiar con el grupo. ¿Cuál es el legado que quieren que deje su matrimonio?
4. ¿Qué tradiciones familiares han establecido que inspirarán a sus hijos y nietos para construir un amor duradero?

Aperitivos para una discusión de cita nocturna:

1. ¿Qué tradiciones familiares les gustaría comenzar que hagan que sus hijos valoren el matrimonio y la familia?
2. ¿Qué tradiciones familiares pueden hacer que su amor brille como una luz del evangelio?

Capítulo 10. Decidan conectar con el Autor del amor

1. ¿A quién conocen que se beneficiaría más al oír su historia de amor?
2. Lean 1 Juan 4:15-16 y 1 Corintios 13:7-8. Cuando juntan estos dos versículos, ¿qué aprenden de Dios?
3. ¿Cómo ha protegido Dios su matrimonio? ¿Cómo les ha ayudado Dios a desarrollar confianza?
4. Describan una situación en que Dios realmente se involucró con ustedes como pareja.

5. ¿Qué les enseñan estos versículos acerca de perseverar bajo el estrés?
    - Mateo 6:31-34
    - Mateo 11:28-30
    - Romanos 8:37-38
    - 1 Corintios 10:13
    - 2 Corintios 1:3-4
    - Filipenses 4:6-7
    - 1 Pedro 1:6-7
    - 1 Pedro 5:7, 10
6. Al dar, ganamos como pareja. ¿Cómo ha enriquecido su relación el hecho de servir a Dios a través del dar?
7. ¿En qué nuevo ministerio o servicio voluntario podrían participar como pareja?

Idea para una cita nocturna: Celebren el final de este estudio de diez semanas como grupo con una cena. Que cada pareja invite a otra pareja que sea nueva en la zona, nueva en la iglesia, nueva en su relación con Dios, o que aún no tenga una relación con Cristo. En la cena, hagan turnos para compartir sus historias de amor, e incluyan al menos un versículo o referencia a Cristo. ¡Proclamen que Dios es amor!

Notas

Capítulo 2. Decidan ser positivos

1. Phil Callaway, "I Proposed in a Chain Letter", *Marriage Partnership,* Primavera 2003, p. 52.

Capítulo 4. Decidan pelear limpio

1. Clayton Tucker-Ladd, "Dating, Love, Marriage and Sex," *Psychological Self-Help,* www.psychologicalselfhelp.org/chapter10/charter10_51.html.
2. Debra White Smith, *Romancing Your Husband* (Eugene, OR: Harvest House Publishers, 2002).

Capítulo 6. Decidan mantener el sexo sugestivo

1. C.F. Kiel y F. Delitch, *Commentary on the Old Testament, vol. 6* (Grand Rapids: Eerdmans Publishing Company, 1978), p. 72. 2. Joseph Dillow, *Solomon on Sex* (Nashville: Thomas Nelson, 1977), p. 77.
2. Tim LaHaye, *How To Be Happy Though Married* (Wheaton. IL.: Tyndale House Publishers, 1968), p. 64.
3. Dillow, *Solomon on Sex,* p. 114.

Capítulo 8. Decidan abordar las transiciones

1. www.marriage-relationships.com/divorce_statistics.html

2. www.smartmarriages.com/before.breakup.html
3. Scott M. Stanley y Howard J. Markman, "Acting on What We Know," www.smartmarriages.com/hope.html.
4. William Doherty, "Intentional Mariage: Your Rituals Will Set You Free," www.smartmarriages.com/intentionalmarriage.html.
5. Ibid.
6. Brenda Hunter, *Where Have All the Mothers Gone?* (Grand Rapids: Zondervan, 1982), p. 90.
7. http://lists101.his.com/pipermail/smartmarriages/2004-August/002515.html
8. www.tdh.state.tx.us/bvs/reports/divorce/divorce.htm#d.
9. www.marriage-relationships.com/divorce_statistics.html.
10. Ver www.wivesinprayer.org.
11. Ver www.rand.org/pubs/research_briefs/RB5030/index1.html.
12. Mike McManus, "Giving 'Marriage Insurance' to the Engaged," www.smartmarriages.com/mentor.mcmanus.html.
13. Disponible en línea en www.mansfield.ohio-state.edu/psych/lifespan- youngadult.ppt#17.

Capítulo 9. Decidan dejar un legado de amor

1. Helen Duff Baugh, *The Story Goes On* (Kansas City, MO: Stonecroft Ministries, 1984), p. 15.
2. www.cbcc.net/history.htm

Capítulo 10 Decidan conectar con el Autor del amor

1. http://www.crosswalk.com/family/marriage/spirtual-tools-for-couples-11574211.html

Para más recursos para mejorar sus relaciones y construir matrimonios, o para contactar con Bill y Pam Farrel para hablar en alguna conferencia, contáctese con:

Farrel Communications
Masterful Living Ministries
P.O. Box 1507
San Marcos, CA 92079
800-810-4449

farrelcommunications.com
www.masterfulliving.com